はじめてでも
大丈夫！

編みながら楽しく覚える

# 棒針編みの基礎

成美堂出版

はじめてでも大丈夫！ 編みながら楽しく覚える棒針編みの基礎

# Contents

# 増減なしで編める
# まっすぐ編みのセーター

デザイン 風工房　　編み図12ページ

1

編みもの初心者の方がウエアものに初挑戦する場合、増し目、
減らし目なしで編めるまっすぐ編みがおすすめです。編み地は、
基本的なメリヤス編みをベースにガーター編みをポイントに配
置。糸は、編みやすい太糸使用。これならやさしく編めます！
使用糸　ユザワヤ　ナチュラルアルパカ〈極太〉

作品1と同じ形で、身頃の裾に幾何学模様を編み込んだデザイン。少しのアレンジでワンランクアップのおしゃれなプルに編み上がります。難しそうに思える編み込みもメリヤス編みで色糸に変えて編むだけだから、要領さえ覚えればかんたんです。

使用糸　ユザワヤ　マンセルメリノレインボウ

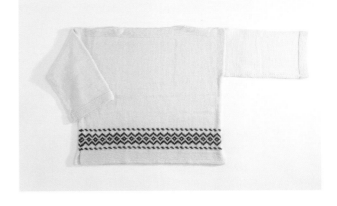

# Lesson 1

# 編みもの教室

## 増減なしで編めるまっすぐ編みのセーター

● 本誌 4 ページ、作品 1 の詳しい編み方と作品 2 の編み込み模様の編み方を解説します。製図は 12 ページにあります。ポイントでは別色を使用しています。

● 毎段表、裏と編み地を時計回りに持ちかえて編みます。
● 糸のかけ方と針の入れ方は写真のほか「基礎編み」（p113〜127）も併せて参照してください。

### 用具をそろえる

1. 10号2本棒針（身頃・袖用）
2. 8号2本棒針（ガーター編み用）
3. 7/0号かぎ針（肩はぎ、えりぐりの始末用）
4. とじ針（とじ、糸始末用）
5. はさみ
6. マーカー（糸印のかわりにあると便利）

# 1 後ろ、前身頃を編む

## 目を作る ― 一般的な作り目（P.113）

**1** 糸端を約150cm残した位置で糸を交差させ、輪の中から糸玉のほうの糸をつまんで引き出し、小さい輪を作ります。

**2** できた輪に8号棒針2本を通し、糸玉のほうの糸を引いて輪を引き締めます。これが1目めになります。

**3** 親指側に短い糸端をかけ、人差し指に糸玉のほうの糸をかけて小指と薬指で2本の糸を押さえます。親指側から矢印のように棒針を入れます。

**4** 続けて人差し指にかかっている糸を向こう側からすくい（写真左）、親指にかかっているループの中に上から棒針を入れて（写真右）糸を引き出します。

**5** 親指にかかっている糸をはずし、糸を下に引いて引き締めます。2目めができました。**3** 〜 **5** をくり返して全部で88目作ります。

**6** 必要目数の88目ができました。これを1段と数え、表の段で表目になります。棒針を1本引き抜きます。

**2段め**

1 裏の段ですが、ガーター編みは表、裏の段とも表目で編みます。糸を向こう側におき、左針の目に右針を手前側から入れて右針に糸をかけます。

2 糸を引き出します。左針にかかっている針先の目をはずして表目1目が編めたところ。1・2をくり返して編みます。

3 2段めが編めました。編み地を時計回りに持ちかえます。

4 3段め以降も2段めと同じ要領で18段編めたところ。次は袖つけどまりまでメリヤス編みを72段編みます。

**1段め**

5 10号針にかえて1段めは表目で編みます。

**2段め**　　a　　b　　c

6 裏の段なので裏目を編みます。糸を手前におきます（a）。左針の目に右針を向こう側から入れて右針に糸をかけます（b）。左針の目の中からかけた糸を引き出します（c）。左針にかかっている針先の目をはずします。

7 裏目が1目編めたところ。6をくり返して72段まで編みます。

8 奇数段を表目、偶数段を裏目で編みます。10段ごとにマーカーをつけると段数が数えやすくて便利です。糸を途中でつなぐ時は編み地の端でかえます。

9 72段編めたところ。袖つけどまりにマーカーをつけます。

10 続けて袖つけたけをメリヤス編み38段、ガーター編み10段（8号針）を編みます。

11 糸端を片方の肩幅とえりぐり幅分の約4倍（約1.6m）を残して切ります。肩、えりぐり、肩に分けて目を休ませて後ろ身頃が編めました。同型に前身頃も編みます。

# 2 袖を編む

伏せどめ（P.120）

1 身頃と同じ要領で61目作り、ガーター編み10段、メリヤス編みを70段編んだところ。編み終わりは伏せどめをします。

2 表目を2目編み、1目めに手前から針を入れて2目めにかぶせます。

3 左針先の目をはずして1目伏せ目が編めました。

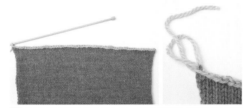

4 次からは表目を1目編んで1目めを2目めにかぶせることをくり返します。

5 途中まで伏せたところ。最後まで伏せます。

6 最後まで伏せどめました。最後の目を伸ばして糸玉を通し、糸を切ります。

7 袖が編めました。袖つけの目安として中央にマーカーをつけます。同型に2枚編みます。

# 3 肩をはぎ、えりぐりを整える

**肩をはぐ** ― 引き抜きはぎ（P.123）

**えりぐりを整える** ― 伏せ目（かぎ針）（P.120）

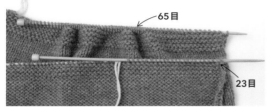

1 身頃の1枚は65目（肩23目とえりぐり42目）、もう1枚は肩の23目を棒針に移します。65目が向こう側になるように編み地を中表に合わせます。

2 矢印のように手前側と、向こう側の目をかぎ針に移します。

3 針に糸をかけて2目を一度に引き抜きます。

4 引き抜いたところ。

5 2の要領で2目をかぎ針に移し、糸をかけて3目を一度に引き抜きます。これをくり返します。

6 途中まで肩はぎができたところ。

7 肩を23目はぎ合わせました。

a b c

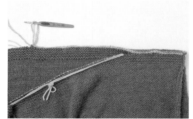

8 続けてえりぐりの目を伏せます。棒針にかかっている1目に手前からかぎ針を入れ（a）、目を移します。針に糸をかけて（b）2目を引き抜きます（c）。これをくり返します。

9 えりぐりの伏せどめが終わりました。糸を切ります。もう片方の肩もはぎ合わせ、えりぐりを伏せどめます。

表側

a　b　c

10 次にえりぐり脇を前後でつなぎます。糸端をとじ針に通し、向こう側のえりぐりの伏せ目の1目めに針を入れて（a）元の目に針を戻し（b）、手前側の肩の1目めに手前から裏側に針を入れます（c）。

11 前後のえりぐりがつながりました。

12 反対側のえりぐり脇も同様に前後をつなぎます。

## 4 袖をつける

**目と段のはぎ（P.124）** ※13ページの袖つけの拾い目位置を参照します。

身頃
袖

2段すくう

a　b　1段すくう　c

1 袖を手前、身頃を向こう側において、新たな糸（約70cm）をとじ針に通し、袖の半目内側に針を裏から出します。拾い目位置でVの記号の所は身頃の渡り糸を2段すくいます。

2 1の右側写真の矢印のように袖の1目めの半目と2目めの半目（ハの字）を拾い（a）、記号の・の位置は身頃の渡り糸を1段すくいます（b）。拾い目位置を参照しながら目と段を交互に針を入れていきます（c）。

3 はぎ糸は見えなくなるまで引きます。

4 肩の位置は前と後ろの下向きの目を1段ずつすくいます。

5 途中まではぎ合わせたところ。続けて交互に針を入れてくり返します。

6 身頃に袖がつきました。

## 5 脇、袖下をとじる

**すくいとじ（P.124）　糸端の始末（P.127）**

（脇）

1 身頃をつき合わせます。新たな糸（約60cm）をとじ針に通し、手前側スリットあきどまり1段めの1目内側の目と目の間の渡り糸に針を入れてすくいます。向こう側も1目内側の目と目の間の渡り糸に針を入れてすくいます。

2 交互に1段ずつすくっていきます。

3 数段すくったところ。

4 とじ糸が見えなくなるまで糸を引きます。2～4をくり返します。

5 脇をとじ合わせました。反対側の脇も同様にとじます。次に袖下を袖口からとじます。

6 ガーター編みのすくいとじをします。袖下をつき合わせます。残っている糸端をとじ針に通し、糸端のない側の作り目に針を入れます。反対側も作り目に針を入れてすくいます。

7 6の写真右側の矢印のように手前側は1目内側の下向きの目をすくいます。

8 向こう側は端の目の上向きの目をすくいます。

9 下向きの目と上向きの目を交互にすくい、2段ごととじていきます。

10 数段すくったらとじ糸が見えなくなるまで糸を引きます。ガーター編みをすくい終わったところ。

11 メリヤス編みは身頃の脇と同様に1目内側の渡り糸を1段ずつ交互にすくいます。

12 袖下をとじ合わせました。次は糸始末をします。

13 裾は残っている糸端をとじ針に通し、目を割って渡り糸にとじ針をくぐらせます。

14 反対方向に渡り糸を割って戻ります。

15 きわで糸を切ります。

16 脇はとじ代の糸を割ってくぐらせます。同じ要領ですべての糸始末をします。

完成！

# 作品2 | 編み込み模様を編む

## 編み込み模様の編み方（P.122）
※ 作品は123目ですが、解説では27目で編んでいます。

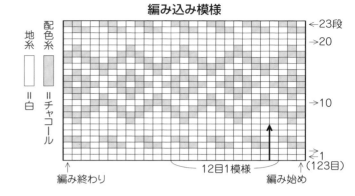

**編み込み模様**

地糸 配色糸

□ = 白 ▨ = チャコール

←23段
→20
→10
→1
(123目)

編み終わり　12目1模様　編み始め

### 3段め

配色糸
地糸

① 2段まで地糸で編んだところ。配色糸を地糸に結び、結び目を地糸の根元に移動させます。

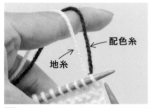

配色糸
地糸

② 左手の人差し指に地糸を手前側、配色糸を向こう側に糸をかけます。

③ 配色糸で表目2目を編みます。

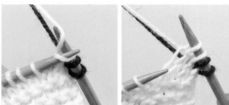

④ ③の矢印のように手前側の地糸に糸をかけて表目を2目編みます。

⑤ 左手にかかっている向こう側の配色糸で表目を2目編みます。

⑥ ④・⑤をくり返して2目ずつ糸を渡して編みます。渡り糸がきつくならないように注意します。

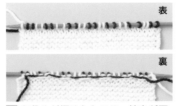

表
裏

⑦ 3段めが編めたところ。地糸が下、配色糸が上になります。

4段め

⑧ 配色糸を地糸の上からかけて交差させます。

⑨ 地糸を指で押さえながら配色糸で裏目を2目編みます。

⑩ 配色糸の下側で地糸を押さえながら地糸で裏目を2目編みます。

⑪ 続けて上になっている配色糸で裏目を2目編みます。⑩・⑪をくり返して編みます。

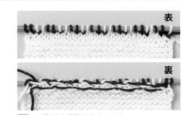

表
裏

⑫ 4段めが編めたところ。

5段め

⑬ 配色糸を地糸の上に乗せてから5段めを編みます。6段めもメリヤス編みで編みます。

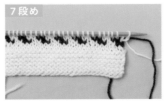

7段め

⑭ 休めていた配色糸を地糸の上に乗せて交差させ、地糸から編み始めます。

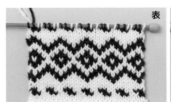
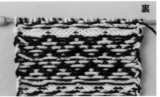

表
裏

⑮ 同じ要領で編み込み模様を23段編んだところ。

# 増減なしで編める まっすぐ編みの セーター

作品 1・2　4・5ページ

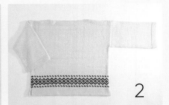

1

2

## 材料と用具

**糸 1** ユザワヤ　ナチュラルアルパカ〈極太〉（100g巻・約150m…極太タイプ）の3（モカ茶）を620g（7玉）

**糸 2** ユザワヤ　マンセル メリノレインボウ（30g巻・約66m…並太タイプ）の144（白）を470g（16玉）、マンセル メリノレインボウ（30g巻・約66m…並太タイプ）153（チャコール）を25g（1玉）

**針 1** 10号・8号2本棒針　7/0号かぎ針
**2** 6号・7号・5号2本棒針　5/0号かぎ針

## ゲージ 10cm四方

**1** メリヤス編み 16目 23段
**2** メリヤス編み・編み込み模様 22目 27.5段

## でき上がり寸法

**1** 胸回り 110cm　着たけ 56cm　ゆきたけ 61cm
**2** 胸回り 110cm　着たけ 55cm　ゆきたけ 61cm

## 編み方要点

**1** 後ろ、前ともに**一般的な作り目**をし、**ガーター編み**を編みます。続けて**1**は**メリヤス編み**とガーター編み、**2**は編み込み模様とメリヤス編み・ガーター編みで増減なく肩まで編みます。肩とえりぐりの目を**休み目**にします。

**2** 袖は身頃と同じ要領でガーター編み、メリヤス編みで増減なく編み、編み終わりは**伏せどめ**ます。

**3** 肩は**引き抜きはぎ**で合わせ、続けてえりぐりを伏せどめます。

**4** 身頃に袖を**目と段のはぎ**でつけ、脇と袖下はそれぞれ**すくいとじ**にします。

●作品**1**の詳しい編み方は6ページからの編みもの教室を参照してください。
　作品**2**の編み込み模様の編み方は11ページを参照してください

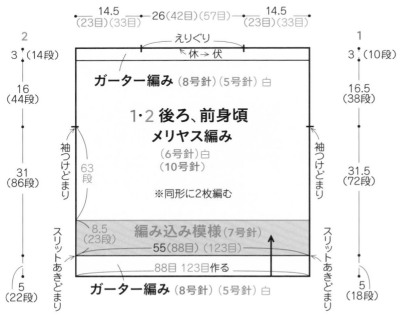

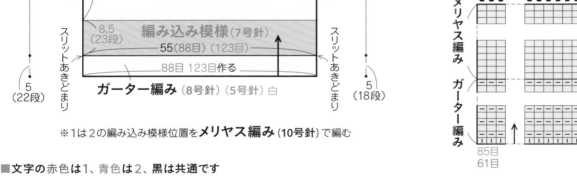

### 1・2 後ろ、前身頃
メリヤス編み
（6号針）白
（10号針）
※同形に2枚編む

編み込み模様（7号針）
55（88目）（123目）
88目 123目 作る
ガーター編み（8号針）（5号針）白

ガーター編み（8号針）（5号針）白
14.5（23目）（33目）　26（42目）（57目）　14.5（23目）（33目）
えりぐり
休→伏

2
3（14段）
16（44段）
31（86段）
5（22段）

1
3（10段）
16.5（38段）
31.5（72段）
5（18段）

袖つけどまり
スリットあきどまり
63段
8.5（23段）

### 1・2 袖
メリヤス編み
（6号針）白
（10号針）
38（61目 85目）
61目 85目 作る
ガーター編み（8号針）（5号針）白

30.5（84段）（70段）
3（14段）（10段）
伏

### 1・2 袖の編み方図
メリヤス編み　ガーター編み
伏
70段 84段
1
10段 14段
1
85目 61目
1

※**1**は**2**の編み込み模様位置を**メリヤス編み**（10号針）で編む

■文字の赤色は**1**、青色は**2**、黒は共通です

# 1・2 後ろ、前身頃の編み方図

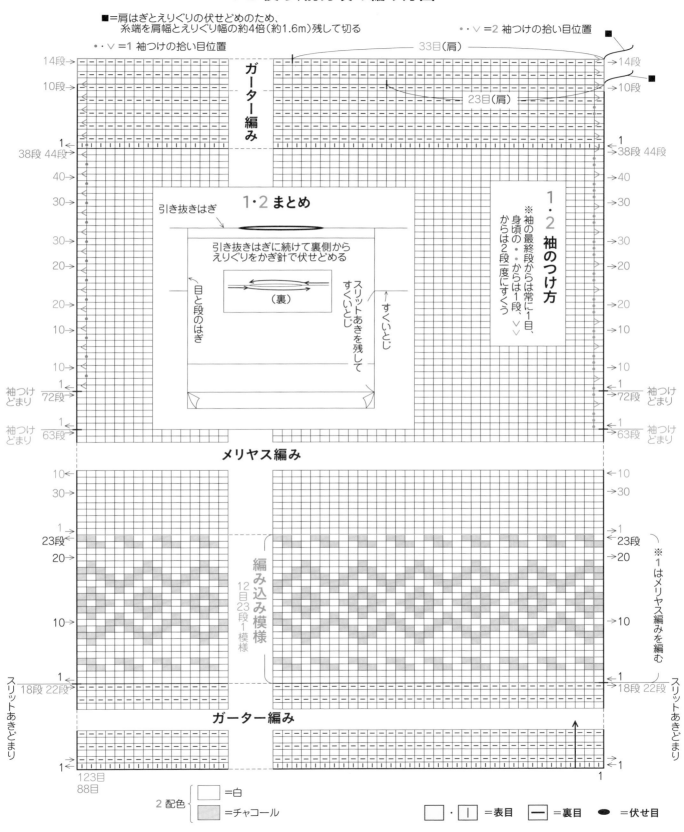

■=肩はぎとえりぐりの伏せどめのため、
糸端を肩幅とえりぐり幅の約4倍（約1.6m）残して切る

・・∨ =1 袖つけの拾い目位置

・・∨ =2 袖つけの拾い目位置

14段→ ガーター編み 33目（肩） 14段
10段→ 23目（肩） 10段

1 38段 44段 1 38段 44段
40→ 40
30→ 30

1・2 まとめ

引き抜きはぎ

引き抜きはぎに続けて裏側から
えりぐりをかぎ針で伏せどめる

（裏）

目と段のはぎ

スリットあきを残して
すくいとじ

すくいとじ

1・2 袖のつけ方
※袖の最終段からは常に1目、身頃の・・からは1段、∨からは2段二度にすくう

30→ 30
20→ 20
20→ 20
10→ 10
10→ 10

袖つけどまり 72段 1 1 72段 袖つけどまり
袖つけどまり 63段 1 1 63段 袖つけどまり

メリヤス編み

※1はメリヤス編みを編む

10← 10
30→ 30

1 23段 1 23段
20 20

編み込み模様
12目23段1模様

10→ 10
10

1 18段 22段 1 18段 22段
スリットあきどまり スリットあきどまり

ガーター編み

1 1
123目 1
88目

2 配色 □=白
■=チャコール

□・│=表目 ―=裏目 ●=伏せ目

13

# 覚えておきたい編み方の基礎知識

 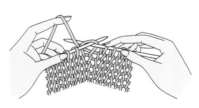 

## ▌針と糸の持ち方

糸は左手の薬指と小指の間にはさんでから、人さし指にかけて持ちます。棒針は左右とも上から軽くにぎって、胸の高さくらいの位置で編みます。左手にかけた糸がすべりすぎると目がゆるくなり、すべりが悪いと目がきつくなるので、いつも同じ調子で糸をすべらせるようにして編みます。

## ▌糸の引き方

玉巻き状の糸は、編んでいるときに糸がころがらないように工夫されています。玉の内側から糸を引き出して、編みます。編み始めは糸玉から少し糸を引きためてから編みすすめます。糸玉から直接糸を引っぱるようにして編みすすむと、編み目がきつくなってしまうことがあるので注意。

## ▌目の作り方（一般的な作り目）

糸端

1 編む横幅寸法の約 3.5 倍の糸を残して糸輪を作ります。

2 輪の中に編み針を通します。

3 左右の糸を引き締めます。これが 1 目めになります。長い糸を人さし指に、短い糸を親指にかけます。

4 親指にかかっている手前の糸に下から針を入れ、矢印のように上から人さし指にかかっている糸をすくいます。

5 4 ですくった糸を親指の糸輪の中から出します。

6 親指にかかっている糸をはずし、糸を引き締めます。2 目めができました。

7 4〜6 をくり返して、必要目数を作ります。これが 1 段めになります。

## ▌とじ針に糸を通す方法

1 太い毛糸をとじ針に通すには、コツがあります。まず、針穴の脇を利用して毛糸をはさみ、二つ折りにします。

2 折った毛糸の端に力を入れて平らにします。

3 針からはずして、そのまま針穴に通します。

4 短い方の糸端を引き出します。

# こんなときはどうするの?

## 糸を途中でつなぐときは?

糸がなくなりそうになったら、段の端で新しい糸にかえます。
編み地の途中で糸を結ぶとゴロゴロしたり、糸端が出てきたりしてしまいます。

1 糸端に新しい糸を結びます。

2 糸を引き締めます。

3 結び目を編み地端に移動し、編み始めます。

## 途中で目が落ちてしまったら?

針から目が落ちて、次々目がほどけてしまうことがあります。編み直しをしないで、ほどけた目だけをかぎ針で直すことができます。

1 落ちた目がどこか確認し、落ちた目の場所が棒針の編み位置になるよう、針を移動します。

2 輪になっている目にかぎ針を入れ、上に渡っている糸をかけます。

3 糸を引き出します。

4 引き出した目を棒針にかけます。

5 落ちた目が元に戻り、完了。

〈裏目の場合〉裏側では直しにくいので、表に返して、同じようにかぎ針で渡り糸を引き出します。

## 仕上げの糸端の始末はどうする?

裏側で、表側にひびかない位置できれいに始末します。

### ■ とじ・はぎの糸

表に出ている糸端は、とじ針に通して裏側に出します。とじ代の半目に糸端を上下に巻きかがります。

### ■ 編み地の途中の糸

糸端を結び直します。とじ針に糸端を通し、表にひびかないようにして編み目を割って、たてに拾い、糸端をくぐらせます。

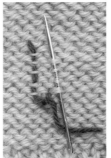

### ■ ゴム編みどめの途中の糸

糸端は結ばず、裏側の表目の片側半目に、1段おきに巻きかがります。糸端が短いときは、とじ針を巻きかがるように入れ、糸端をとじ針に通して引き出します。

## はぐ・とじるの違いと使用する糸は？

目と目（肩など）をつなぎ合わせることをはぐ、
段と段（脇、袖下など）をつなぎ合わせることをとじると言います。

### ■ はぐ

前後の肩の目をかぎ針で引き抜きはぎ（P.123）ではぎ合わせているところ。肩はぎのでき上がりです。

### ■ とじる

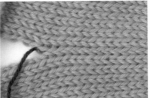

後ろ、前身頃の脇をとじ針ですくいとじ（P.124）でとじ合わせているところ。とじ糸が見えないように糸を引きながら、とじていきます。

## 使用糸

基本的にストレートな糸の場合は共糸を使いますが、超極太やすべりの悪い変わり糸のときは、同系色の少し細めのプレーンな糸を使うとスムーズにでき、すっきりきれいに仕上がります。

### ■ 太い糸の場合

共糸を割って、細い糸を作ります。

### ■ 変わり糸の場合

同系色の細い糸を使います。この糸の場合ならオフホワイト。
※ 写真はわかりやすくするため、別色の糸でとじています。

## 作り目の鎖編みを多めに編んだときのほどき方

鎖編みを指定の数より多く編んだとき、はさみでカットするしかないと思っていませんか？ そんなとき、左図のようにほどく方法があります。ほどけば、その糸でとじ・はぎにも使えますね。

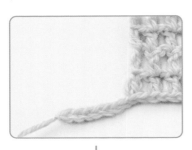

↓

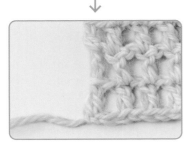

### ■ 始めの作り目からほどく

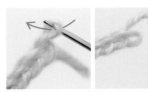

**1** とじ針で始めの作り目をゆるめ、針を入れかえて糸端を手前に引き出します。

**2** 矢印のように針を入れ、もう一度糸端を向こう側に引き出します。

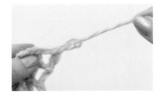

**3** 次は目の中央に針を入れ、糸端を引き出します。

**4** この状態で糸端を引きながら、1目ずつほどきます。

**5** 編み地の位置まできたら、矢印のように糸端を入れます。

**6** 糸端を引き締めます。

## 糸を表示とはかえて編みたいとき、サイズ調整をしたいときは？

どちらもゲージ合わせ（P.19）が必要です。糸をかえて編むときの一番かんたんな方法は、表示の糸の太さのタイプにそろえて糸を選ぶことです。また、少しくらいなら仕上がりのサイズが違っても、伸縮性のあるニットの場合は、それほど気にならないところが利点です。編んでいる途中で、おおよその寸法を確かめながら編む方法でもよいでしょう。ただ、糸の太さが大きくかわるとゲージを計って計算し直す必要があります。大きくサイズを変更するときも同じですから、ゲージの意味をよく理解して、編む前に製図を調整してください。

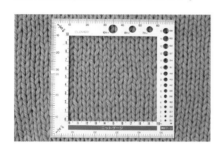

### かんたんなサイズ調整の仕方

#### ■ 針の太さで調整する場合

10号針　　8号針　　6号針

糸はそのままで、針の太さを前後2号を限度にかえるだけでサイズ調整ができます。サイズを大きくしたいときは太い針、小さくしたいときは細い針で編みます。
※左の3点の編み地は、同じ目数・段数で、針の号数をかえて編んでいますが、ご覧のように仕上がりサイズが違います。

#### ■ 糸の太さで調整する場合

太い糸　12目14段　　細い糸　18目22段

針はそのままで、糸の太さをかえるだけでサイズ調整ができます。作品に表示してあるゲージと、糸のラベルに表示してあるゲージを目安に糸を選びます。サイズを大きくしたいときは太めの糸、小さくしたいときは細めの糸を選びます。
※左の2点の編み地は、同じ号数の針で糸の太さをかえて編んでいますが、ご覧のように10cm四方で目数・段数が違うので、仕上がり寸法もかわってきます。

### 〈 針の太さ、糸の太さで調整した編み地7タイプ 〉

作品の製図サイズを大きくしたり小さくしたい場合は、表示の身幅や袖幅を製図上で計算し直したり、1模様の目数（モチーフなどは段数を増減する）を調整して変更しますが、それは少しテクニックが必要になります。指定のサイズよりワンサイズから2サイズくらいまでなら、糸と針だけをかえてサイズ調整する方法をおすすめします。これなら初心者でもかんたんですね。下記7タイプの編み地の大きさの違いを参考にしてください。

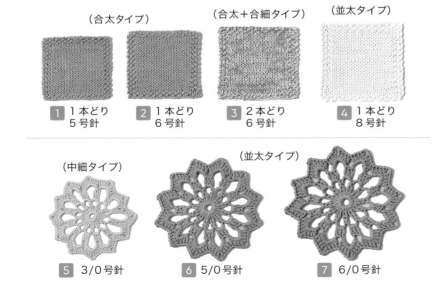

（合太タイプ）　　（合太＋合細タイプ）　　（並太タイプ）

1 1本どり 5号針　　2 1本どり 6号針　　3 2本どり 6号針　　4 1本どり 8号針

（中細タイプ）　　　　　（並太タイプ）

5 3/0号針　　6 5/0号針　　7 6/0号針

### ■ 同じ編み方で糸の太さをかえた例

上の2点は同じ目数・段数で編んでいます。薄いベージュのボレロは5号針で1本どり、茶系のボレロは、糸を太くするために2本どりにして6号針（合太＋合細タイプ）で編んでいます。茶系ボレロの身頃が約5cm、着たけが約4cm大きく編み上がり、ほぼワンサイズアップの仕上がりになりました。

# 編み始める前の製図の基礎知識

作品の作り方ページには、それぞれの製図、記号図が掲載してあります。このページは希望した作品をイメージどおりに編み上げるための基礎コーナーの一部です。図の見方、読み方をきちんと覚えながら、編み始めてください。

## 製図の読み方

製図とは、編みものの目数（幅）、段数（たけ）、どんな編み地で編むのか、増し目、減らし目はどのようにしたらよいのかなど、作品を編み上げるための必要事項を図に表したものです。本誌では1パターンで2点から4点編めるように工夫しました。編み方は1点表示の場合と変わりません。それぞれの作品の編み方順序に作品No.の色分けが指定してあります。作りたい作品No.の色を確認しながら編んでください。ここでは1パターンで2点（メンズとレディース）の前身頃で読み方の解説をします。

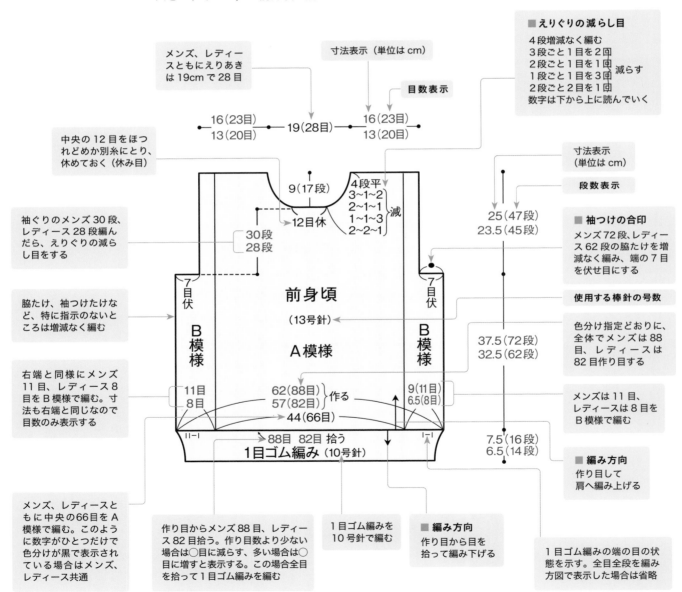

**メンズ、レディースともにえりあきは19cmで28目**

**寸法表示（単位はcm）**

**目数表示**

■ **えりぐりの減らし目**
4段増減なく編む
3段ごと1目を2回
2段ごと1目を1回 減らす
1段ごと1目を3回
2段ごと2目を1回
数字は下から上に読んでいく

**中央の12目をほつれどめか別糸にとり、休めておく（休み目）**

**袖ぐりのメンズ30段、レディース28段編んだら、えりぐりの減らし目をする**

**脇たけ、袖つけたけなど、特に指示のないところは増減なく編む**

**右端と同様にメンズ11目、レディース8目をB模様で編む。寸法も右端と同じなので目数のみ表示する**

**メンズ、レディースともに中央の66目をA模様で編む。このように数字がひとつだけで色分けで黒で表示されている場合はメンズ、レディース共通**

**作り目からメンズ88目、レディース82目拾う。作り目数より少ない場合は○目に減らす、多い場合は○目に増すと表示する。この場合全目を拾って1目ゴム編みを編む**

**1目ゴム編みを10号針で編む**

■ **編み方向**
作り目から目を拾って編み下げる

16（23目）19（28目）16（23目）
13（20目）          13（20目）

9（17段）
12目休

30段
28段

4段平
3-1-2
2~1~1
1~1~3
2~2~1 減

7目伏    7目伏

B模様    前身頃    B模様
（13号針）

A模様

11目    62（88目）    9（11目）
8目     57（82目）  作る  6.5（8目）
        44（66目）

88目 82目 拾う
1目ゴム編み（10号針）

25（47段）
23.5（45段）

37.5（72段）
32.5（62段）

7.5（16段）
6.5（14段）

**寸法表示（単位はcm）**

**段数表示**

■ **袖つけの合印**
メンズ72段、レディース62段の脇たけを増減なく編み、端の7目を伏せ目にする

**使用する棒針の号数**

**色分け指定どおりに、全体でメンズは88目、レディースは82目作り目する**

**メンズは11目、レディースは8目をB模様で編む**

■ **編み方向**
作り目して肩へ編み上げる

■ **1目ゴム編みの端の目の状態を示す。全目全段を編み方向図で表示した場合は省略**

## 編み方図と記号図の読み方

■編み方図　　　　　　　■記号図

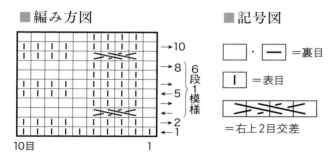

→10

→8 ⎱
　　6段
←5 ⎰1模様

←2
→1

10目　　　　　　1

□ ・ □ =裏目

| =表目

⧓ =右上2目交差

編み目を記号におきかえ、マス目に並べた図を編み方図といい、普通は1マスが1目1段になり、編み地を表から見た状態で描かれています。1段めに特に指定のない限り、1・3・5のように奇数段は表側を見て編むので、表目は表目で、裏目は裏目で記号どおりに右側から左側へと編んでいきます。

2・4・6のように偶数段は編み地の裏側を見て編むことになるので、表目のところは裏目で、裏目のところは表目で編むことに注意し、図の左側から右側へと編んでいきます。全体に編み方図で表示してあるもののほかに、編み方図を部分的にかき出している場合があります。それには1模様が何目何段で構成されているか、各部分の編み始め位置はどこか、身頃や袖の中央位置はどこかなど、具体的に記入してありますが、編み始めの指示のない場合は普通右端から編んでいきます。

## 増減目の数字の読み方

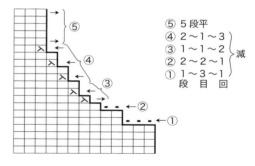

⑤ 5段平
④ 2～1～3 ⎫
③ 1～1～2 ⎬減
② 2～2～1 ⎭
① 1～3～1
　段 目 回

右上の数字は減らし目を表しており、記号で表すと左の方眼図のようになります。数字は左側から段数、目数、回数を示し、下段から上段に編みすすめていきます。
読み方は、① 1段めで3目減らすことを1回
　　　　②2段ごとに2目減らすことを1回
　　　　③1段ごとに1目減らすことを2回
　　　　④2段ごとに1目減らすことを3回
　　　　⑤最後に5段を平らに（増減なく）編む
ということになります。
また「減」とあるところに「増」とある場合は増し目のことで、同じ要領で目を増していきます。

## ゲージの計り方

ゲージとは編み目の大きさのことで、普通は10cm平方に何目何段編まれているかを表しています。
正しいゲージを計るためには、15～20cmぐらいの正方形の編み地が必要です。必ずセーターと同じ糸、同じ針を使い、同じ編み地で編みます。編んだ編み地は裏側からスチームアイロンを2～3cm浮かせてかけ、編み目を落ち着かせてから、ゲージを計るようにします。
※糸の性質により、スチーム、またはドライにする

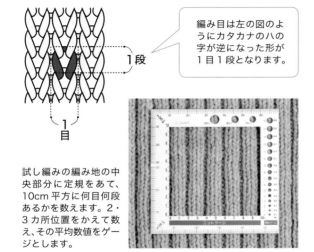

編み目は左の図のようにカタカナのハの字が逆になった形が1目1段となります。

1段

1目

試し編みの編み地の中央部分に定規をあて、10cm平方に何目何段あるかを数えます。2・3カ所位置をかえて数え、その平均数値をゲージとします。

## 〈ゲージの合わせ方〉

■ 本の作品と同じ糸と針を使って編んでいるのに、表示と同じゲージにならない場合があります。こんなときは次の方法で合わせていきます。

### 1 表示のゲージより目数、段数が多い場合

指定より少しきつめに編まれているようです。その差が0.5目、0.5段ぐらいまでの場合は、少しゆるめに編むようにします。そのゆるめという感覚が大きなものを編んでいるうちに元に戻らないように、きちんと覚えてから作品にとりかかりましょう。
0.5～1目（段）多い場合は、針を指定よりも1号太くします。それ以上の場合はさらに1号ずつ太くして試し編みをし、作品のゲージに合うように針を選びます。

### 2 表示のゲージより目数、段数が少ない場合

指定よりゆるく編まれているようです。その差が0.5目、0.5段ぐらいまでの場合は少しきつめに編むようにします。
0.5～1目（段）少ない場合は、針を指定よりも1号細くします。それ以上の場合はさらに1号ずつ細くして試し編みをし、作品のゲージに合うように針を選びます。

### 3 目数と同じ段数のどちらかが、表示のゲージと違う場合

目数は同じなのに段数が多い（少ない）、または段数は同じなのに目数が多い（少ない）場合は、目か段か、どちらかを優先して選びます。例えば、セーターの幅をサイズどおりに編みたい場合は目数を合わせ、たけをサイズどおりに編みたいときは段数を合わせます。どちらを合わせるかは、セーターのデザインや着る人の体型などを考えて決めます。

## 編み地を切って つなげる方法

完成した作品のたけが短かったり、長かったりしたとき、ほどいて編み直さなくても、かんたんに調整する方法があります。ここでは編み地を切ってつなげる方法を紹介します。わかりやすくするためボーダーで解説しています。

元 型

A 編み地をのばす
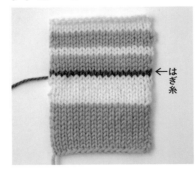
←はぎ糸

B 編み地を短くする

←はぎ糸

※上の写真 A・B は元型の○印部分の編み地が A では長く、B ではなくなっています。切り離した編み地をつなげる目は 1 段として数えるので段数の合わせ方に注意してください。
※A・B とも、はぎ合わせる方法は同じです。
※編み地を切り離してから目を上下に棒針に拾うことはむずかしいので、一方を裏側から伏せ目にし、一方はほどきながら棒針に目を移します。

※ほつれた編み目の修正もこの方法でつなぎます。

### ■ 上下に編み目をほどく

1 編み地の裏側をみて、目と目の間の渡り糸にかぎ針を入れます。

2 あとでほどくため、見やすい別糸をつけて、引き抜き編みをします。

3 表に返して、右端から 3 目めぐらいの目をカットし（糸端を残さないと目がほどけるため）、とじ針で右側を半目ずつほどきます。

★

4 ボーダーの場合、たての渡り糸（★）も中央でカットしておきます。3 でほどいた目を棒針に移します。

5
左側も半目ずつほどきながら棒針に移します。
※糸端はときどきカットする。

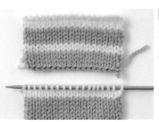

6
上下に編み地が分かれました。編み地の下の目に糸をつけて、必要段数を編みます。

のばしたい段数を編み足します。

## A 上下の編み目をつなぐ

1 編み地を突き合わせて、手前の半目に向こう側からとじ針を入れます。

2 上の伏せどめた目は、1目ずつほどきながらとじ針を入れ、上下を交互にすくいます。

3 1目がつながりました。

4 2・3をくり返します。

## B 上下の編み目をつなぐ

a

※下側の目はほどきながら、減らす段数の最後の1段手前で棒針に目を移します。上側は伏せどめた目をほどき、棒針に移しても可。移し方はaの写真と同じでAの1〜4と同じ要領ではぎ合わせます。

# 流行に左右されない
# 定番Vあきベスト

デザイン 風工房　　編み図29ページ

3

飽きずに着られるベーシックなVあきベスト。形はフィット
形からカジュアルなゆったり形まで、S・M・Lの3サイズ
展開の製図なので、お好みサイズが選べます。編みやすい太
糸のストレートヤーン使用。

モノトーンのファンシーヤーンを選
んだ組み合わせやすい色合いのベス
ト。太糸のアルパカ混のウール糸使
用なので、ベストでも暖かさは抜群。
シャープな V ネックが魅力です。

# 編みもの教室

## 流行に左右されない定番Vあきベスト

● 本誌22ページ、作品3のMサイズの詳しい編み方を解説します。
製図は29ページにあります。ポイントでは別色を使用しています。

● 毎段表、裏と編み地
を時計回りに持ちか
えて編みます。
● 糸のかけ方と針の入
れ方は写真のほか
「基礎編み」（p.113～
127）も併せて参照し
てください。

**用具を
そろえる**

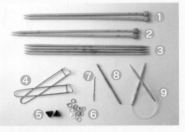

❶ 8ミリ2本棒針（身頃用）
❷ 7ミリ2本棒針（裾、袖ぐり用）
❸ 7ミリ4本棒針（えり用）
❹ ほつれどめ（目を休めるためにあると便利）
❺ キャップ（棒針から編み目がはずれないように
あると便利）
❻ 段数リング
（段を数えながら編み進むためにあると便利）
❼ とじ針（脇のとじ、糸端の始末用）
❽ 10/0号かぎ針（肩はぎ用）
❾ 7ミリ60cm輪針（えり用に用意しておくと便利）

## 1 後ろ身頃を編む

### 目を作り、裾の1目ゴム編みを編む ―一般的な作り目（P.113）、1目ゴム編み（P.115）

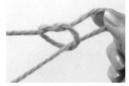

**1** 編む寸法の3.5倍の糸端
を残して糸を作り、一
般的な作り目で編み始め
ます。

**2** 1目ゴム編み用の7ミリ2
本棒針の1本を、糸輪に
通して糸を引き締めます。
これが1目めになります。

**3** 基礎編み113ページの③
～⑥を参照して2目めを
作ります。

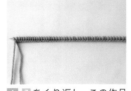

**4** ③をくり返し、この作品
の47目が作れました。こ
れが1段めになります。

**5** 2段めを編みます。この
とき2段めは裏側なので、
表示のゴム編み記号の逆
を編みます。（表目・裏
目のくり返し）

### 身頃のメリヤス編みを編む ―メリヤス編み（P.115）

**6** 1目ゴム編みが12段が編め
ました。

**1** 8ミリ針にかえて、メリヤ
ス編みで脇たけを増減なく
編みます。

**2** 脇たけの30段が編めまし
た。編む途中、10段ごとに段数リング
をつけながら編み進むと、段数
が数えやすくて便利です。

**3** 糸を途中でつなぐときは、段の端で新
しい糸にかえることがポイントです。
編み終わりの糸端に新しい糸を結び、
きつく締めて次の段に進みます。

## 袖ぐりを減らす— 伏せ目（P.120）、右上・左上2目一度（P.116）

**1 右側** ※右上2目一度は基礎とは別の方法で編んでいますが、基礎の方法で編んでも可。

**★1段めは伏せ目**
1 2目を表目で編みます。

2 1の目を2の目にかぶせます。

3 1目の伏せ目ができました。

---

**2 左側**

4 表目を編んでは右側の目をかぶせることを2回くり返し、3目を減らします。

**★2段めは伏せ目**
5 持ちかえて2目を裏目で編みます。

6 1の目を2の目にかぶせ、1目の伏せ目ができました。

7 裏目を編んでは右側の目をかぶせることを2回くり返し、3目を減らします。

---

**3 右側** ※3段めからの右上・左上2目一度は同段数で減らします

**★3段めは左上2目一度**
8 1の目を表目で編み、3と2の目に手前から右針を入れます。

9 針に糸をかけて表目で2目一度に編みます。

10 1目を減らしました。5、7段めも 8・9 をくり返します。

**4 左側**

**★3段めは右上2目一度**
11 左側の3目手前まで表目で編みます。

12 左端から3の目に手前から右針を入れ、右針に移します。

---

13 2の目も同様に右針に移し、矢印のように左針を入れて戻します。

14 2の目と3の目が入れかわりました。

15 右針を手前から2目に入れて表目で編みます。

---

16 右上2目一度で1目を減らしました。

17 1の目を表目で編みます。5、7段めで 11 ～ 16 をくり返します。

（左側）
18 3目の伏せ目を1回、右上2目一度 を3回くり返し、左側の袖ぐりが編めました。

（右側）
19 3目の伏せ目を1回、左上2目一度 を3回くり返し、右側の袖ぐりが編めました。

## 後ろえりぐりを編む

◆肩の目を休み目にします（P126）。肩の糸端は右側を肩幅の約4倍残し、左側は約10cm残して切ります。

**左側**

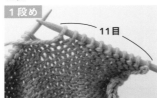

1 段め　11目

★左上2目一度
1 左肩の9目と減らす2目の合わせて11目までを裏目で編みます。

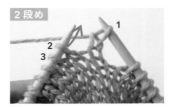

2 段め　1 2 3
2 持ちかえて表目を1目編みます。

3 次の2目に2の矢印のように右針を一度に入れて、表目を編みます。

4 1目を減らしました。残りの8目を表目で編みます。

3 段め　2 3 1
5 持ちかえて、3目手前まで裏目で編みます。3の目と2の目に右針を一度に入れ、裏目を編みます。

6 最後の1目を裏目で編んで左側のえりぐりが編め、肩の9目が残りました。

**右側**

1 段め

★右上2目一度
7 新しく糸をつけて、中央の13目を裏目で編みながら伏せ目にします。

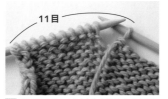

11目
8 続けて右肩9目と減らす2目の11目を裏目で編みます。

2 段め　1 2 3
9 持ちかえて、左側の3目手前まで表目で編みます。

10 左端から3の目と2の目を右上2目一度で減らし、表目で1目編みます。3段めの右上2目一度は裏目で編みます。

## 2 前身頃を編む

◆脇たけの26段めまでは後ろ身頃と同様に編みます。

1 27段めから右側のVえりあきの減らし目に入ります。23目まで表目で編み進めます。

2 左側23目と中央の1目の24目を休み目にします。

3 裏側に持ちかえて右側のえりぐりと袖ぐりを指定段数で減らします。

4 右側が編めました。

5 左側の24目を棒針に戻します。中央の1目を休み目にし、新しく糸をつけます。

6 左側もえりぐりと袖ぐりを指定段数で減らします。

## 3 肩をはぐ 目通しはぎ (P.123)

1 後ろ、前身頃を中表に合わせます。

2 手前側の1目をかぎ針に移します。

3 向こう側の1目もかぎ針に移します。

4 向こう側の目を手前側の目に通して1目にします。

5 かぎ針に糸をかけて、1目を引き抜きます。

6 2〜4をくり返します。

7 かぎ針に糸をかけ、2目を一度に引き抜きます。

8 6〜7をくり返します。

9 肩の9目をはぎ、最後の糸端を糸輪の中にとおして引き抜きます。

10 肩はぎができました。

## 4 袖ぐりを編む 伏せどめ (P.120)

1 身頃の表側を見て3目の伏せ目からは目の中から拾います。

2 段からは端の目の外側半目を拾います。

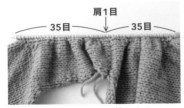

3 前後袖ぐりから71目拾います。

4 1目ゴム編みを4段編んで伏せどめます（※前段と同じ目を編みながら伏せどめる）。

5 左右の袖ぐりが編めました。

◆ 拾い目の1段めは、きつめに拾うことがポイントです。

27

## 5 脇をとじる

**1** 編み地を外表に突き合わせて糸端をとじ針に通し、向こう側と手前の作り目に針を入れます。

**2** 端1目の中央と外側半目を1段ずつ交互にすくいます。

**3** 5・6回くり返したら、とじ糸が見えないように糸を引きます。

**4** 増減なく編んだ脇たけも、端1目の中央と外側半目を交互にすくっていきます。

## 6 えりを編む　中上3目一度（P.116）

**5** とじ終わりはとじ糸を最初と最後の目に通してつなぎます。

◆中央は中上3目一度
◆前後えりぐりを3本の棒針に分けて拾い、1目ゴム編みが編みやすいように、棒針を移動しながら編んでいきます。

**1** 袖ぐりと同じ要領で、前えりぐりも外側半目を拾います。左肩から拾い始め、2段めからは1目ゴム編みで編みます。

**2** 2段めは中央で中上3目一度に編みます。中央の1目と右側1目の2目を一度に左側から針を入れて右針に移します。

←中央の1目

**3** 次の目を表目で編みます。

**4** **2** で移した2目に左針を入れ、**3** で編んだ目にかぶせます。

**5** 中央の1目が上になり、中上3目一度が編めました。図のとおり、毎段くり返します。

**6** 1目ゴム編みを4段編んだら袖ぐりと同じ要領で伏せ目をしますが、前中央は中上3目一度で伏せ目をします。

## 7 糸端の始末

◆糸端を裏側に出し、とじ代に巻きかがります。（P.127）

**完成！**

スチームアイロンで全体を整えて完成です

# 流行に左右されない 定番Vあきベスト

作品 3・4 **22・23ページ**

### 材料と用具

糸 3 超極太タイプのストレートヤーンのピンクを
Mサイズに320g、Lサイズに400g
4（Sサイズ）
超極太タイプのファンシーヤーンのチャコールを290g

針 3・4共通 8ミリ・7ミリ2本、7ミリ4本棒針

### ゲージ 10cm四方

3 メリヤス編み 10目 14.5段
4 メリヤス編み 10.5目 15段

### でき上がり寸法 ※数字は順に M・Lサイズ

3 胸回り 94cm・110cm 着たけ 56.5cm・62cm
背肩幅 41cm・45cm
4 胸回り 89cm 着たけ 55cm 背肩幅 39cm

●作品3（Mサイズ）の
詳しい編み方は
24ページからの
編みもの教室を
参照してください

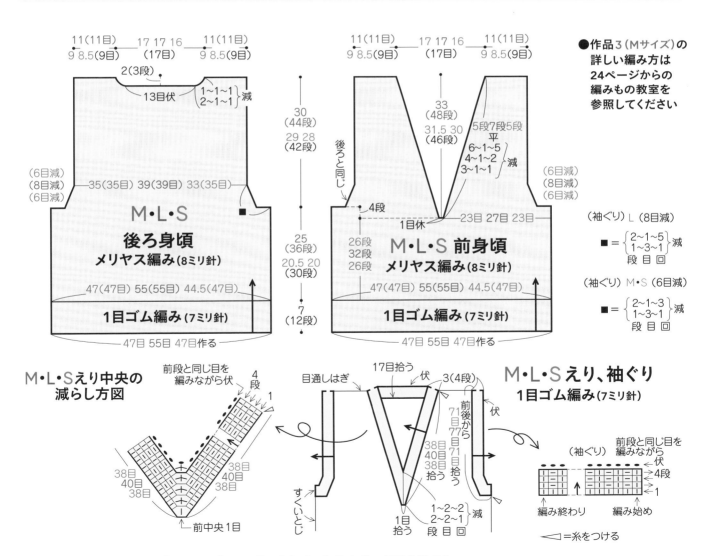

■文字の**赤色**は3（Mサイズ）・**緑色**は（Lサイズ）、**青色**は4（Sサイズ）、**黒**は共通です

29

## 編み方要点

1 後ろは**一般的な作り目**をして**1目ゴム編み**とメリヤス編みで脇たけを増減なく編みます。

2 袖ぐりを2目以上を**伏せ目**、1目は**右上・左上2目一度**で減らします。

3 後ろえりぐりは糸のある左側から減らします。右側は糸をつけて中央の目を伏せ目にしてから減らします。

4 前は後ろと同じ要領で編みますが、前えりぐりは中央の1目を残して左右に分け、右側から減らします。

5 肩は**目通しはぎ**で合わせます。袖ぐりを1目ゴム編みで往復に編み、編み終わりは伏せどめます。

6 脇と袖ぐり脇は**すくいとじ**で合わせます。

7 えりは1目ゴム編みで輪に編みますが、前中央で減らし目（**中上3目一度**）をします。編み終わりは伏せどめます。

## M・L・S 後ろ、前身頃の編み方図

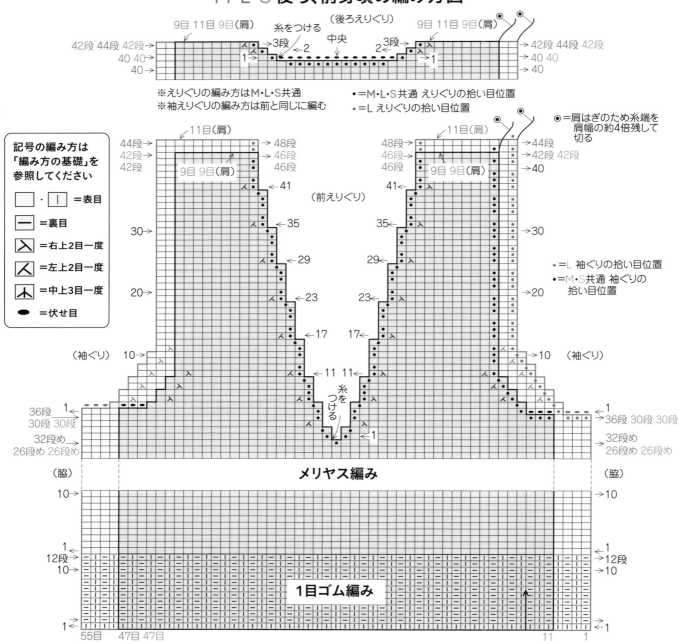

■文字の**赤色**は3（Mサイズ）・**緑色**は（Lサイズ）、**青色**は4（Sサイズ）、黒は共通です

30

# 輪で編む配色縞の編み方
# 縞の段差をなくす方法

4本針または輪針で配色縞をぐるぐる編むとき、編み始めと終わりで段の差がはっきりと出てしまいます（写真A）。この段の差をある程度なくして編む2つの方法があり、それが写真BとCです。

**メリヤス編み縞**

A　B　C

段差の出てしまった編み地　　段差がなく縞がきれいにつながっている編み地

## Bの編み方

1 編み終えた糸に配色糸を結びます。

2 引き締めて編み目によせ、右針に手前側から向こう側に糸をかけます。※このかけ目がポイント！

3 そのまま表目で編み進めます。

4 1段めの最後の1目手前まで編み、1目を右針に移します。

5 2でかけた目を右針に移し、最後の1目に左針を入れてかけ目にかぶせます。※最後の1目を編まず、かけ目にかぶせるのがポイント！

6 その目を右針に移します。

7 2段めからは、指定段数を表目でぐるぐる編みます。

8 配色糸をかえた1段めで、2と5の2つのポイントの1〜7をくり返します。

## Cの編み方

1 編み終えた糸に配色糸を結び、そのまま表目で編み進めます。

2 1段めの最後の1目手前まで編みます。

3 最後の目は編まず、右針に移します。※最後の1目を編まないのがポイント！

4 2段めからは指定段数を表目でぐるぐる編みます。配色糸をかえた1段めで、3のポイントの1〜4をくり返します。

**■ ガーター編み縞**

メリヤス編み、1目・2目などのゴム編み、かのこ編みなどは、B・Cの方法で編んでもあまり違いはありませんが、ガーター編みだけは2段で構成されているので、Bの方法がきれいに仕上がります。

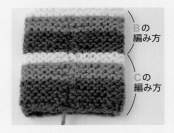

Bの編み方

Cの編み方

# 縄編み入り
# まっすぐ編みの半袖プル

デザイン 河合真弓　　編み図 41ページ

5

基本的な縄編みを覚えるのにぴったりの作品です。
前中央に2本のベーシックな縄編みを配置したフォ
ルムのかんたんまっすぐ編みの半袖プル。グレーに
黒のネップ入りツイードの糸味も素敵です。
使用糸　オリムパス　エバーツイード

6

レイヤードニットだから、コーディネートしやすいナチュラルカラーがおすすめです。メリヤス編み、縄編み、ゴム編みの基本の編み地が覚えられるデザイン。組み合わせる服で印象が変わる、飽きずに着られる一枚です。
使用糸　オリムパス　ツリーハウスグラウンド

# 編みもの教室

**Lesson 3**

## 縄編み入り まっすぐ編みの半袖プル

● 本誌32ページ、作品 **5** の詳しい編み方を解説します。製図は41ページにあります。
● プロセスでは、ポイントで別色を使用しています。

● 毎段表、裏と編み地を時計回りに持ちかえて編みます。
● 糸のかけ方と針の入れ方は写真のほか「基礎編み」（p113〜127）も併せて参照してください。

### 用具をそろえる

① 7号2本棒針（身頃・袖用）
② 6/0号かぎ針
（肩はぎ・伏せどめ・袖つけ用）
③ 待ち針（袖つけ用）
④ とじ針（とじ・糸始末用）
⑤ なわ編み針
⑥ ほつれ止
（肩の休み目用にあると便利）
⑦ 目数リング（目数を数えながら
編むときにあると便利）
⑧ マーカー（段数を数えながら
編むときにあると便利）
⑨ はさみ

## 1 後ろ、前身頃を編む

### 目を作る ― 一般的な作り目（P.113）

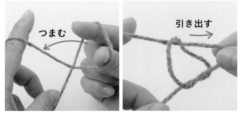

**1** 糸端を約190cm 残した位置で糸を交差させ、輪の中から糸をつまんで引き出します。小さい輪ができます。

**2** できた輪を棒針2本にかけ、糸を下に引いて輪を引き締めます。1目めができました。

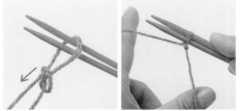

**3** 親指に短い糸端をかけ、長い方の糸を人差し指にかけます。親指側から矢印のように棒針を入れます。

**4** 人差し指にかかっている糸をすくい、親指にかかっているループの中に上から棒針を入れて糸を引き出します。

**5** 引き出したところです。親指にかかっている糸をはずして糸を下に引きます。

**6** 2目めができました。3目以降は **3**〜**5** をくり返し、全部で110目作ります。

**7** 必要目数の110目ができました。これを1段と数えます。棒針を1本抜いて編み地を持ちかえ、2段めからは2目ゴム編みを編みます。

## 裾を編む ― 2目ゴム編み（P.115）

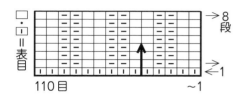

110目　　　～1

2段め

**1** 裏の段になります。裏目を編みます。糸を手前において左針の目に右針を向こう側から入れます。糸をかけて左針の目のループの中から糸を向こう側に引き出します。

**2** 糸を引き出しました。左針にかかっている目をはずします。裏目1目が編めました。1・2の要領でもう1目裏目を編みます。

**3** 次は表目を編みます。糸を向こう側において左針の目に右針を手前側から入れます。糸をかけて左針の目のループの中から糸を手前に引き出します。

**4** 糸を引き出しました。左針にかかっている目をはずします。表目1目が編めました。3・4の要領でもう1目表目を編みます。

**5** 裏目2目・表目2目が編めました。4目を1模様としてくり返して編みます。

**6** 2段めの2目ゴム編みが編めました。

3段め

**7** 3段めは表目2目・裏目2目をくり返して編みます。4段め以降は前段と同じ目を8段まで編みます。

**8** 2目ゴム編みが8段編めました。

## 脇たけ・袖つけたけを編む ― 縄編み（P.119）、休み目（P.126）

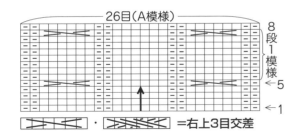

26目（A模様）

8段　1模様　←5　←1

=右上3目交差

**1** A模様の両端はメリヤス編みなので、42目表目を編みます。

2 A模様の位置がわかりやすいように目数リングを右針に通します。裏目2目を編みます。

3 表目6目を編みます。裏目2目・表目6目をあと2回くり返し、裏目2目を編みます。

4 A模様の編み終わりに目数リングを右針に通し、残り42目は表目に編みます。4段めまで同様に編みます。

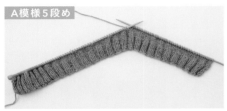

5 5段めの表目42目が編めたところです。A模様の裏目2目を編みます。次に右上3目の交差をします。

6 なわ編み針を用意します。なわ編み針の短いほうを左針の3目に通して手前側に休めます。左針の3目を表目に編みます。

7 3目が編めました。

8 なわ編み針の長いほうに3目を移動させ、3目を表目に編みます。

9 右上3目交差が編めました。裏目2目、表目6目、裏目2目を編み、右上3目交差(6～8)、裏目2目を編んで5段めのA模様が編めました。8段ごとに交差を編むと縄編みになります。A模様の位置がわかるようになったら目数リングははずします。

10 3目交差の縄編みになりました。

11 66段まで編みます。袖のつけどまりにマーカーで印をつけます。残り54段を編みます。

12 54段めは肩の印として両端から29目と30目の間に目数リングを通します。肩まで編めました。

13 糸は約60cm残して切ります。次にほつれどめや糸で肩とえりぐりに目を分けて休ませます。

14 肩・えりぐりの目をそれぞれ休ませました。同形に2枚編みます。

## 2 袖を編む

**袖下を増す ― ねじり増し目（P.118）**

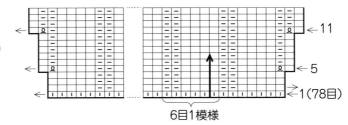

6目1模様

1 一般的な作り目で78目作り、B模様で4段編みます。

2 ねじり増し目をします。1目めと2目めの間の渡り糸に矢印のように右針を入れます。

3 渡り糸をすくって左針にかけます。

4 向こう側から右針を入れます。

5 糸をかけて糸を引き出します。

6 引き出したら、左針にかかっている渡り糸をはずします。

7 ねじり増し目が編めました。

8 右側と同様に目と目の間の渡り糸をすくって 4 〜 6 と同様に編みます。

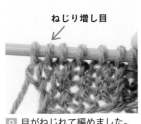

9 目がねじれて編めました。

10 ねじり増し目の次の段は記号図が裏目なので、表目を編みます。

11 編めたところ。同じ要領で増し目をしながら28段編みます。

12 28段まで編みました。次に伏せどめをします。

### 伏せどめ（P.120）

1 1目めを表目に編みます。

2 2目めも表目に編みます。

3 矢印のように左針を1目めに入れます。

4 2目めに1目めをかぶせます。

5 かぶせたところです。左針先に残っている目をはずします。

6 1目の伏せ目ができました。次の目を編んではかぶせることをくり返します。

7 途中まで伏せどめしました。前段が裏目の位置も表目を編んでかぶせます。

8 袖が編めました。袖つけのために袖中央にマーカーで印をつけておきます。

## 3 肩をはぐ

目通しはぎ（P.123）

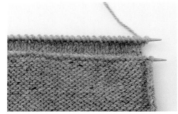

1 休めていた肩の29目を棒針に移し、編み地を中表に合わせます。

2 手前側の目と向こう側の目をかぎ針に移します。

3 向こう側の目を手前の目から引き出します。

4 引き出しました。

5 かぎ針に糸をかけて引き抜きます。

6 引き抜きました。次からは 2 ～ 4 を編み、針に残っている2目を一度に引き抜きます。

7 目通しはぎを続けます。

8 最後まで目通しはぎをします。目を引き伸ばして糸端を引き出します。

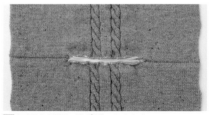

9 両肩の目通しはぎができました。

## 4 えりぐりを整える

かぎ針の伏せどめ（P.120）

1 休めていたえりぐりの目を棒針に移します。移す針の向きに注意します。

2 1目めに針を入れ、新たに糸をつけて引き出します。

3 左針にかかっている目をはずします。

4 次の目に針を入れ、糸をかけて2ループを一度に引き抜きます。

5 引き抜きました。 4 をくり返します。

6 5目の伏せ目ができました。最後まで伏せていきます。

7 前えりぐりが伏せ終わりました。続けて後ろえりぐりを伏せます。

8 後ろえりぐりの1目めを伏せました。穴があきますが、あとで処理をします。

9 後ろえりぐりが伏せ終わりました。

10 糸を切り、目を引き伸ばして糸端を引き出します。

11 とじ針に糸端を通し、伏せた目の1目めに針を入れます。

12 次に最後の伏せどめの半目に針を入れ、1目ができるように糸を引きます。

13 1目ができ、前後がつながりました。

● 穴の処理

1 続けて編み地を裏に返し、前身頃の目と目にとじ針を通します。

2 後ろ身頃側も同様に目と目にとじ針を入れて戻ってきます。

3 始めの目にもう一度とじ針を通して、糸を引きます。

4 糸始末をします。肩はぎの位置の糸を割ってとじ針を通します。

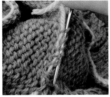
5 同じように糸を割りながら戻して糸を切ります。

6 反対側の穴も同じ要領で埋めます。穴も埋まり、えりぐりが整いました。

# 5 脇、袖下をとじる

## すくいとじ（P.124）

● 脇

1 残っている糸端をとじ針に通し、向こう側と手前側の作り目の目にとじ針を入れます。

2 端の目と2目めの渡り糸を交互に1段ずつすくいます。

3 数段すくったらとじ糸が見えなくなるまで糸を引きます。

4 糸を引いたところです。続けてとじていきます。

5 2目ゴム編みの部分をとじました。メリヤス編みの部分も同様に袖のあきどまりまでとじます。

● 袖下

6 袖口からとじ始めます。増し目部分の拾い方はねじり目の中央にとじ針を入れてすくいます。

7 裏目のすくいとじです。目と目の間の渡り糸（下向きの山）を交互に1段ずつすくいます。

8 とじ糸が見えなくなるまで糸を引きます。

9 身頃脇と袖下のすくいとじが終わりました。

10 次は身頃に袖をつけます。

## 6 まとめ

**袖の引き抜きとじ（P.126）、糸端の始末（P.127）**

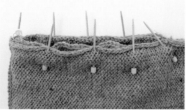

1 身頃と袖を中表にし、肩と袖中央、脇と袖下を合わせます。

2 均等に待ち針で仮どめをします。

3 身頃側を見ながらとじます。脇位置にかぎ針を入れ、新たに糸をつけて糸を引き出します。

4 次の位置にかぎ針を入れ、糸をかけて引き出します。引き出した糸をかぎ針にかかっているループに引き抜きます。

5 引き抜きました。4をくり返して袖ぐりを一周引き抜きます。P38の4の11〜13のように編みはじめと終わりをつなぎます。

### ▌糸端の始末

残っている糸端をとじ針に通し、とじ代等の糸を割ってくぐらせ、糸を切ります。

完成！

# 縄編み入り
# まっすぐ編みの
# 半袖プル

作品5・6 **32・33ページ**

5
6

### 材料と用具

糸 5 オリムパス エバーツイード（40g巻・約78m…極太タイプ）の63（グレー系）を420g（11玉）

糸 6 オリムパス ツリーハウス グラウンド（40g巻・約71m…極太タイプ）の302（ベージュ系）を430g（11玉）

針 5・6共通 7号2本棒針 6/0号かぎ針

### ゲージ 10cm四方

5・6共通 メリヤス編み 19目27段
A模様 26目27段
B模様 21.5目25.5段

### でき上がり寸法

5・6共通 胸回り108cm 着たけ47.5cm ゆきたけ38cm

### 編み方要点

1 後ろ、前ともに**一般的な作り目**をし、**2目ゴム編み**を編みます。続けてA模様と両脇の42目を**メリヤス編み**で肩まで増減なく同形に2枚編みます。肩とえりぐりの目に分けて**休み目**にします。

2 袖は身頃と同じ作り目をし、B模様で袖下を増し（**ねじり増し目**）ながら編んで**伏せどめ**ます。

3 肩は**目通しはぎ**で合わせます。前後えりぐりは**かぎ針の伏せ目**をします。

4 脇と袖下をそれぞれ**すくいとじ**で合わせ、身頃に袖を**引き抜きとじ**でつけます。

●**作品5の詳しい編み方は34ページからの編みもの教室を参照してください**

## 5・6 まとめ

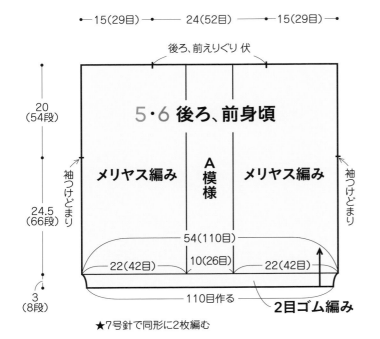

← 15（29目）→ ← 24（52目）→ ← 15（29目）→

後ろ、前えりぐり 伏

**5・6 後ろ、前身頃**

メリヤス編み | A模様 | メリヤス編み

20（54段）

24.5（66段）

3（8段）

袖つけどまり

54（110目）

22（42目） 10（26目） 22（42目）

110目作る

**2目ゴム編み**

★7号針で同形に2枚編む

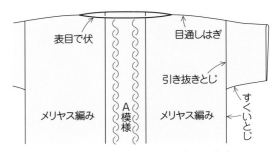

表目で伏 | 目通しはぎ
メリヤス編み | A模様 | 引き抜きとじ | メリヤス編み | すくいとじ

※袖口の始末はなし

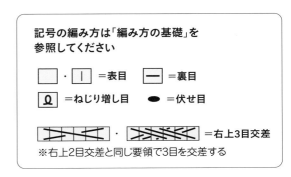

記号の編み方は「編み方の基礎」を参照してください

□・│ =表目　― =裏目

Ω =ねじり増し目　● =伏せ目

=右上3目交差

※右上2目交差と同じ要領で3目を交差する

41

## 5・6 後ろ、前身頃の編み方図

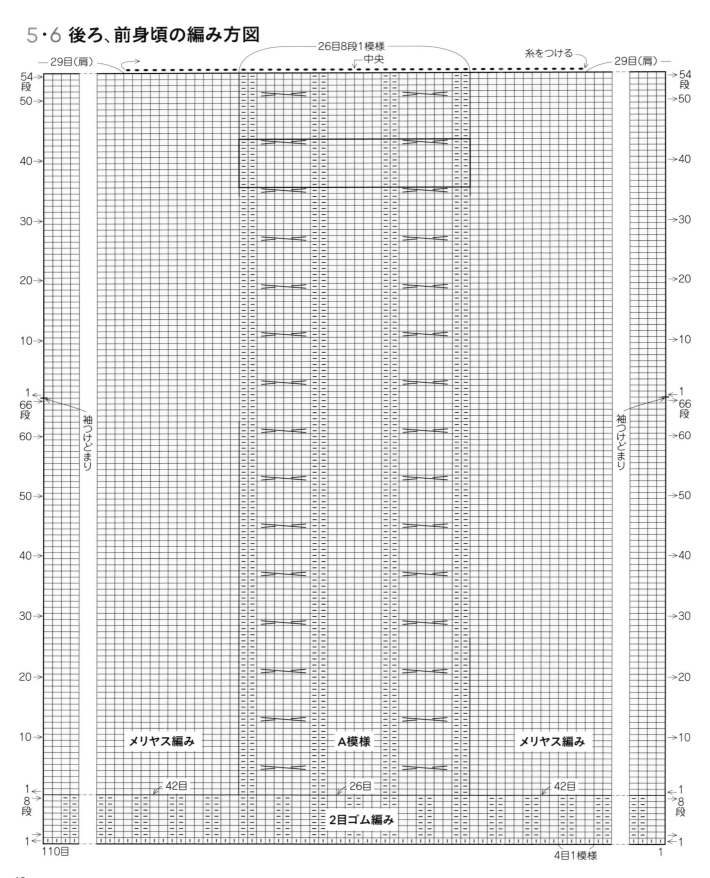

## 5・6 袖の編み方図

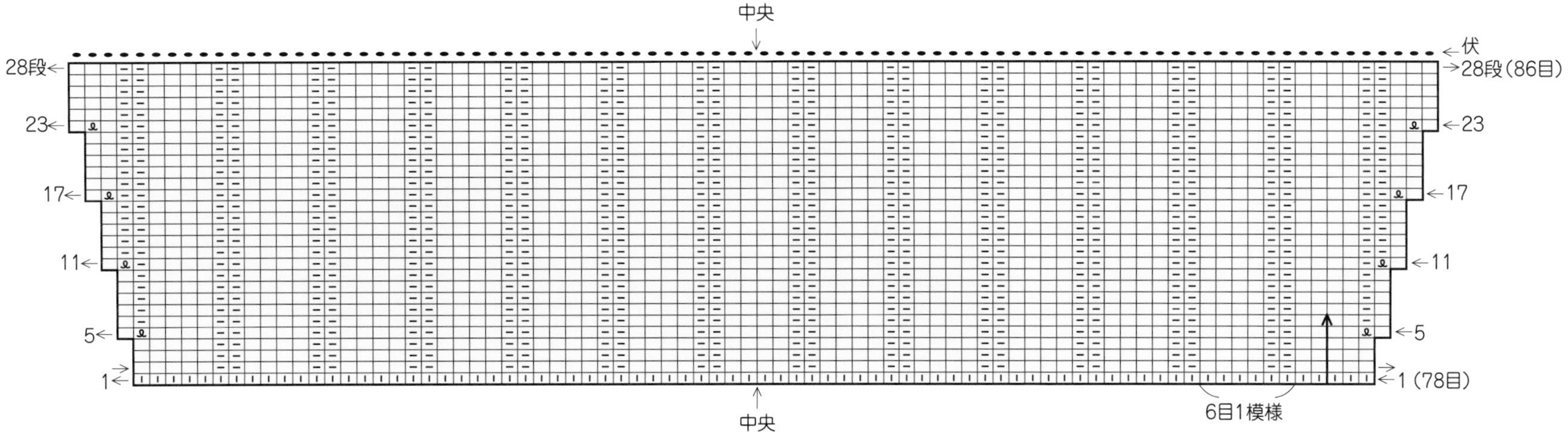

伏
→28段(86目)
←23
←17
←11
←5
→1(78目)

6目1模様

中央

中央

28段←
23←
17←
11←
5←
1→

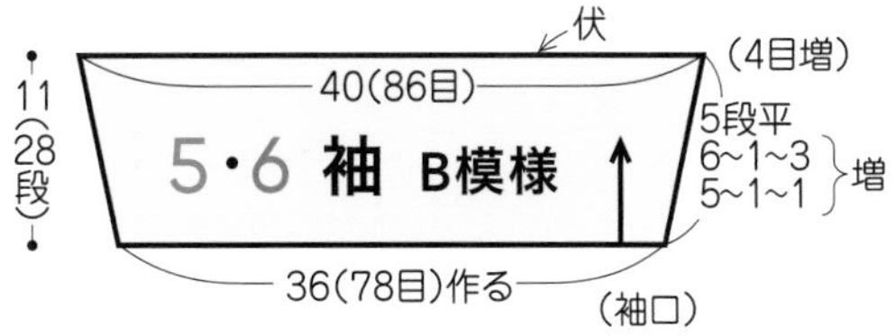

□・|=表目

□

5・6 袖 B模様

伏
(4目増)
5段平
6~1~3
5~1~1 }増
(袖口)
40(86目)
36(78目)作る
11(28段)

# ラグランスリーブの
# タートルネックプル

デザイン 河合真弓　　編み図 51 ページ

7

流行に左右されず、着やすさが魅力のラグランス
リーブ & タートルネックのベーシックアイテム。
基本はプレーンなメリヤス編み。タートルネック
の長さは自分好みに調整して仕上げてください。

モコモコとした風合いが暖かそうな
ファンシーヤーンで編み上げたプル。
かんたんメリヤス編みだから、変わり
糸や段染め糸を使うと編み地に表情が
ついてスタイリッシュに。

<table>
<tr><td>Lesson<br>4</td><td></td></tr>
</table>

# 編みもの教室
## ラグランスリーブのタートルネックプル

● 本誌44ページ、作品7の詳しい編み方を解説します。
● 製図は51ページにあります。プロセスではポイントで
は別色を使用しています。

● 毎段表、裏と編み地を
時計回りに持ちかえて
編みます。
● 糸のかけ方と針の入れ
方は写真のほか「基礎
編み」（p113〜127）も併
せて参照してください。

製図は51ページにあります。

**用具をそろえる**

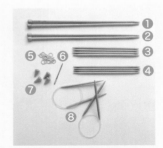

❶ 15号2本棒針（身頃、袖用）
❷ 13号2本棒針
（裾、袖口のゴム編み用）
❸ 15号4本棒針（えり用）
❹ 13号4本棒針（えり用）
❺ 段数リング（段を数えながら
編み進むためにあると便利）
❻ とじ針（脇、袖下、ラグラン線、
糸端の始末用）
❼ キャップ（棒針から目が
はずれないようにあると便利）
❽ 15号・13号 40cm輪針
（えり用に用意しておくと便利）

# 1 後ろ身頃を編む

## 目を作り、裾のゴム編みを編む ― 一般的な作り目（P.113）

**1** 編む寸法の5倍
（とじ分含）の
糸端を残して一
般的な作り目で
編み始めます。

**2** ゴム編み用の13号
2本棒針を糸の輪に
通して糸を引き締め
ます。これが1目め
になります。

**3** 「基礎編み」（P.
113）の❸〜❻
のように針を動
かして2目めを
作ります。

**4** この作品の42目が
作れました。これが
1段めになります。

**5** 棒針を1本抜き、2段
めを編みます。このと
き2段めは裏側なので、
表示のゴム編み記号の
逆を編みます。（※裏
目・表目をくり返し、最
後は裏目2目）。

**6** ゴム編みの16段が編め
ました。

## 身頃のメリヤス編みを編む ― メリヤス編み（P.115）、ねじり目増し目（P.118）

**1** 15号針にかえてメリヤス編み
を編みます。1段めの増し目位
置で、前段の目と目の間の渡り
糸を左針ですくいます。

**2** **1**の矢印のように右針を入れ、
表目を編みます。

**3** 1目のねじり増し目が
できました。このまま脇
たけをメリヤス編みで
増減なく40段編みます。

**4** 編む途中、段数が数えやすいように、10段ごと
に段数リングをつけながら編み進むと便利です。
※糸を途中でつなぐときは、段の端で新しい
糸にかえることがポイントです。

## まちとラグラン線を減らす — 伏せ目（P.120）、右上・左上2目一度（P.116）

◆ラグラン線を記号どおり減らし、残りの13目は伏せ目にします。

### まち〈右表側〉伏せ目

1 表目を2目編みます。1の目を2の目にかぶせます。

2 1目の伏せ目ができました。次の目も表目を編み、端の目をかぶせます。

3 2目の伏せ目ができました。

### 〈左表側〉伏せ目

4 裏目を2目編みます。1の目を2の目にかぶせます。

5 1目の伏せ目ができました。次の目も裏目を編み、端の目をかぶせます。

6 2目の伏せ目ができました。

### ラグラン線〈左裏側〉左上2目一度（裏目）

1 裏側の段なので裏目で1目編みます。

2 糸を手前におき、右針を向こう側から2と3の目に一度に入れます。

3 2目を一度に裏目で編みます。

4 1目を減らしました。

### 〈右裏側〉右上2目一度（裏目）

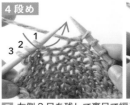

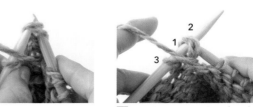

5 左側3目を残して裏目で編みます。糸を手前におき、1と2の目に右針を矢印のように入れて目を移します。

6 移した右針の1・2の目に左針を矢印のように入れて、目を戻します。

7 戻した2・1の目を一度に裏目で編み、3の目も裏目で編みます。1目を減らしました。
※裏の段の左上・右上2目一度は 1 〜 7 をくり返します。

### 〈右表側〉右上2目一度

1 表の段なので表目を1目編みます。2の目に右針を手前から入れて移し、3の目を表目で編んで、2の目を3の目にかぶせます。1目を減らしました。

### 〈左表側〉左上2目一度

2 左側3目を残して表目で編みます。2と3の目に右針を矢印のように入れて、表目で2目を一度に編みます。1目を減らしました。1の目は表目で編みます。※表の段の右上・左上2目一度は 1 ・ 2 をくり返します。

## 2 前身頃を編む 休み目（P.126）

◆脇たけとラグラン線は後ろと同様に編みますが、えりぐりを減らします。

1 ラグラン線を23段編んだら、右側の14目を休み目にし、糸端のある左側から左えりぐりを伏せ目と右上2目一度で減らし、同時にラグラン線も減らします。

2 右側は新しく糸をつけて、中央の5目を裏目で編みながら伏せどめます。

3 続けて右えりぐりとラグラン線を記号どおり減らします。

## 3 袖を編む かけ目の増し目（P.118）

◆袖下はかけ目の増し目をしながら編みます。

1 身頃と同じ要領でゴム編みを13号針で16段編み、15号針にかえてメリヤス編みで袖下を8段編みます。

〈右表側〉
9段め

2 端の1目を表目で編み、右針に手前から糸をかけます。

3 次の目からは表目で編みます。

〈左表側〉
9段め

4 1目手前で右針に手前から糸をかけます。

〈左裏側〉

5 左端を表目で編みます。

10段め

6 裏側に持ちかえて、端の1目を裏目で編みます。

7 前段のかけ目がねじれるように、右針を入れます。

8 裏目を編んで、ねじり目が編めました。

〈右裏側〉
10段め

9 ねじり目は 7・8 と同様に編みます。

10 袖下はすべて、表側で端2目めにかけ目、裏側でねじり目を編みます。

11 かけ目のねじり目に、段数リングをつけながら編み進むと段数が数えやすく便利です。

（右袖）

12 ラグラン線は身頃と同じ要領で編み、右袖は左右対称に2枚編みます。

● 各パーツが編めました。

# ④ 脇、袖下、ラグラン線をとじる

## 脇、袖下をとじる ― すくいとじ (P.124)

● 脇

1 編み地を外表に突き合わせ、残っている糸端をとじ針に通し、糸端のない側から1目内側をすくっていきます。

2 1段ずつ交互にすくうことを5・6段くり返します。

3 とじ糸が見えないように、糸を引きながらとじていきます。

4 増減なく編んだ脇たけも、1目内側を交互にすくっていきます。

5 脇たけがきれいにとじられました

● 袖下

6 袖下の増し目位置は、ねじり目の中央にとじ針を交互に入れます。増減のないところは、脇たけと同じ要領でとじていきます。

## ラグラン線をとじ、まちをはぐ ― すくいとじ (P.124)、メリヤスはぎ (P.124)

◆ 新たにとじ糸を約90cm用意し、前ラグラン線・まち・後ろラグラン線の順にとじ合わせます。

1 身頃と袖を外表に突き合わせます。

2 糸端を約50cm残して、前ラグラン線から1目内側を1段ずつすくいます。

3 5・6段すくってとじ糸を引くことをくり返します。

4 身頃と袖のラグラン線の一方がとじられました。

5 持ちかえて、まち・後ろラグラン線をとじます。

6 残しておいた糸端をとじ針に通します。まちは半目ずつ穴があかないようにすくいます。

7 次に手前側はハの字にとじ針を入れます。

8 向こう側はVの目にとじ針を入れます。

9 7・8をくり返して、最後は半目ずつすくいます。

10 とじ糸が見えないように、糸を引きます。

11 後ろラグラン線は、前と同じ要領でとじていきます。

## 5 えりを編む えりの目の拾い方 (P.126)

1 13号4本棒針で、左袖の前えりぐりから目を拾っていきます。

2 各指定目数を拾います。

3 3本の棒針に分けながら、36目拾いました。

4 1目ゴム編みで、輪に13段編みます。

5 次の段からは、15号4本棒針にかえて11段編みます。

6 編み終わりを伏せ目にします。1の目を表目で編みます。

7 2の目を裏目で編みます。

8 1の目を2の目にかぶせます。

9 伏せ目が1目できました。前段と同じ目を編んで、伏せ目をくり返します。

10 最後は糸端を10cm残して切り、そのまま引き抜きます。

11 とじ針に糸を通して、始めの伏せ目にとじ針を入れます。

12 最後の目の半目にとじ針を入れます。

13 始めと最後の目がきれいにつながりました

## 6 まとめ 糸端の始末 (P.127)

1 えりは伸ばしても折り返しても着用できるように糸端がつれないように始末をします。

2 裏側に残っている糸の始末をします。

3 裏側から、とじ・はぎ部分にスチームアイロンをあてます。とじ・はぎ部分は左右に割って、少し押さえぎみに、表に返してからは少し浮かせてあて、全体を整えます。

完成!

# ラグランスリーブの タートルネックプル

作品 7・8　**44・45ページ**

7　8

## 材料と用具

糸　**7**　超極太タイプのストレートヤーンの茶色を650g
糸　**8**　超極太タイプの変わり糸のブルーを550g
針　**7・8共通**　13・15号2本、4本棒針

## ゲージ 10cm四方

7・8共通　メリヤス編み 9目15段

## でき上がり寸法

7・8共通　胸回り94cm　着たけ58.5cm　ゆきたけ74cm

## 編み方要点

1　後ろ、前ともに**一般的な作り目で**42目作り、**1目ゴ
ム編み**で16段編みます。**メリヤス編み**にかえて1
段めで**ねじり増し目**をして1目増し、43目で脇た
けを増減なく40段編みます。
2　ラグラン線は2目を**伏せ目**で減らし、1目は1目内
側で**右上・左上2目一度**で減らします。

● 作品7の詳しい編み方は46ページからの編みもの教室を参照してください。

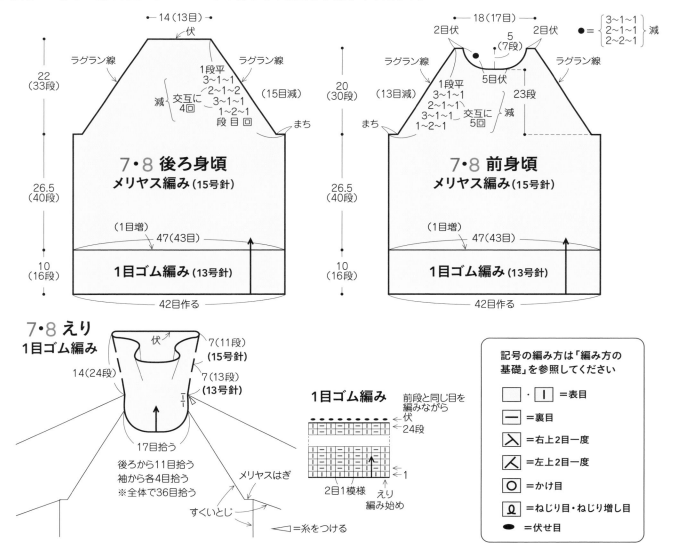

7・8 後ろ身頃
メリヤス編み (15号針)

← 14 (13目) →
伏
ラグラン線
1段平
3〜1〜1
2〜1〜2
3〜1〜1
1〜2〜1
段 目 回
減
交互に
4回
ラグラン線
(15目減)
まち
22 (33段)
26.5 (40段)
10 (16段)
(1目増)
47 (43目)
1目ゴム編み (13号針)
42目作る

7・8 前身頃
メリヤス編み (15号針)

← 18 (17目) →
● = { 3〜1〜1
2〜1〜1
2〜2〜1 } 減
2目伏
5 (7段)
2目伏
ラグラン線
ラグラン線
1段平
3〜1〜1
2〜1〜1
3〜1〜1
1〜2〜1
交互に
5回
減
5目伏
23段
まち
20 (30段)
(13目減)
26.5 (40段)
10 (16段)
(1目増)
47 (43目)
1目ゴム編み (13号針)
42目作る

## 7・8 えり
1目ゴム編み

伏
14 (24段)
7 (11段) (15号針)
7 (13段) (13号針)
17目拾う
後ろから11目拾う
袖から各4目拾う
※全体で36目拾う
メリヤスはぎ
すくいとじ
◁ = 糸をつける

### 1目ゴム編み

前段と同じ目を
編みながら
← 伏
← 24段
← 1
2目1模様
えり
編み始め

## 記号の編み方は「編み方の基礎」を参照してください

|  |  |
| --- | --- |
| □・│ | = 表目 |
| − | = 裏目 |
| ⊼ | = 右上2目一度 |
| ⊿ | = 左上2目一度 |
| ○ | = かけ目 |
| Ω | = ねじり目・ねじり増し目 |
| ● | = 伏せ目 |

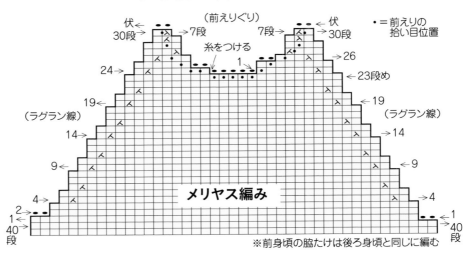

## 7・8 前身頃の編み方図

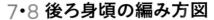

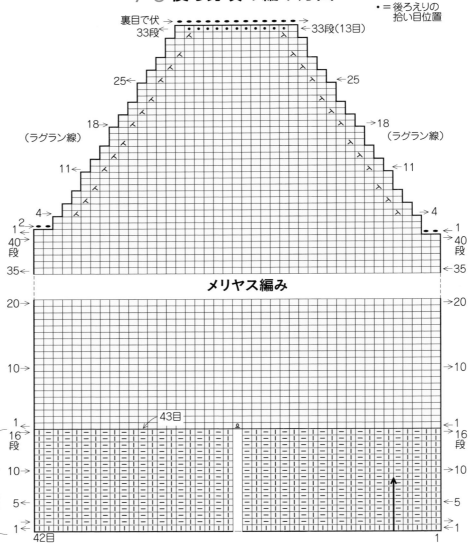

<table>
<tr><td></td><td>

**編み方要点**

3　後ろは編み終わりを伏せどめにします。前は脇から23段まで編み、左右に分けてえりぐりを編みます。糸端のある左側から編みます。右側は中央の目を伏せ目にしてから減らします。

4　袖は身頃と同じ要領で目を作り、袖下は目を増しながら（**かけ目の増し目**）編みます。ラグラン線は身頃と同じ要領で編みます。左右対称に2枚編みます。

5　脇、袖下は裾、袖口からそれぞれ**すくいとじ**をします。身頃と袖を合わせてラグラン線はすくいとじ、まちは**メリヤスはぎ**にします。

6　えりは前後えりぐり、袖から目を拾い、1目ゴム編みで輪に編んで伏せどめます。

</td></tr>
</table>

伏
30段→　　7段→　　　（前えりぐり）　　7段←　　伏
　　　　　　　　　　　糸をつける　　　　　　30段
　　　　　　　　　　　　　1　　　　　　　　←26
←24
←19　　　　　　　　　　　　　　　　　　　23段め
（ラグラン線）　　　　　　　　　　　　　　　→19　（ラグラン線）
←14　　　　　　　　　　　　　　　　　　　→14
←9　　　　　　　　　　　　　　　　　　　→9
←4　　　　　メリヤス編み　　　　　→4
2←
1←
40段　　　　　　　　　　　　　　　　　　　40段
→1

・=前えりの拾い目位置

※前身頃の脇たけは後ろ身頃と同じに編む

## 7・8 後ろ身頃の編み方図

・=後ろえりの拾い目位置

裏目で伏
33段←　　　　　　　　　　　←33段（13目）
←25　　　　　　　　　　　　　　→25
←18　　　　　　　　　　　　　　→18
（ラグラン線）　　　　　　　　　　　（ラグラン線）
←11　　　　　　　　　　　　　　→11
←4　　　　　　　　　　　　　　→4
2←
1←　　　　　　　　　　　　　　　→1
40段　　　　　　　　　　　　　　40段
←35　　　　　　　　　　　　　　→35

**メリヤス編み**

→20　　　　　　　　　　　　　　→20
→10　　　　　　　　　　　　　　→10
1→　　　　　　43目　　　　　　　1←
16段　　　　　　　　　　　　　　16段
→10　　　　　　　　　　　　　　→10
5←　　　　　　　　　　　　　　←5
1←　　　　　　　　　　　　　　←1
42目　　　　　　　　　　　　　　1

**1目ゴム編み**

□・| =表目

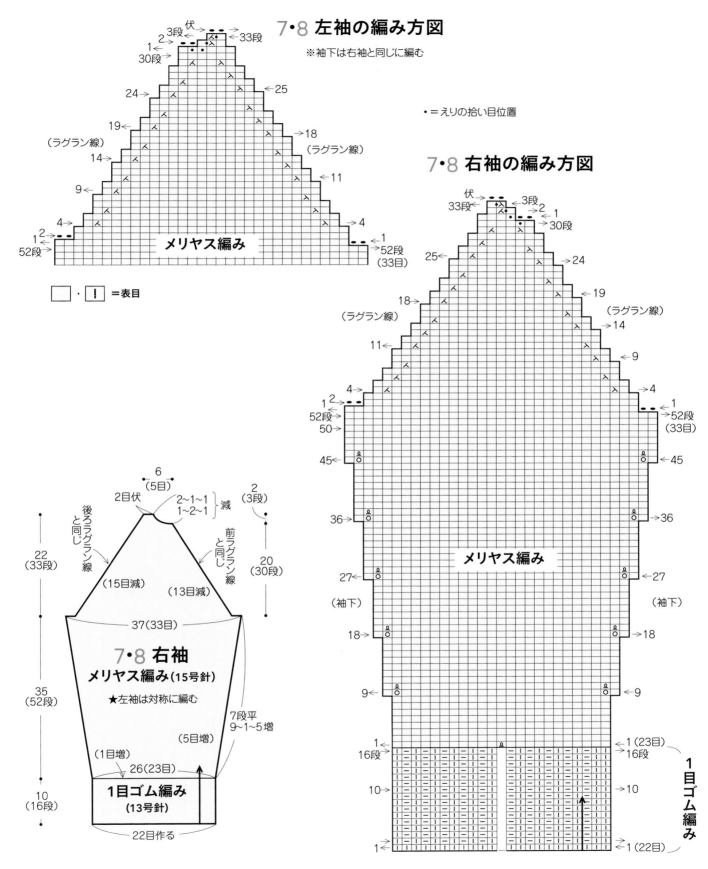

# 7・8 左袖の編み方図

※袖下は右袖と同じに編む

・=えりの拾い目位置

## 7・8 右袖の編み方図

メリヤス編み

□・I =表目

# 基本的な袖つけの
# セットインスリーブカーディガン

デザイン 三園麻絵　　編み図 63ページ

9

身頃の袖ぐりと袖を引き抜きとじでとじ合わせる、
基本の袖のつけ方で仕上げたセットインスリーブ
カーディガン。一番かんたんでやさしく、失敗なく
とじ合わせる方法です。

VARIATION

# 10

ランダムに大きなネップが入ったファンシーヤーンを使用した、おしゃれなカーディガン。作品9とは印象ががらりと変わります。糸味のあるファンシーヤーンを使うと編み目が目立たないので、まだ編み目が揃わない初心者には嬉しい糸です。

55

# Lesson 5 編みもの教室

## 基本的な袖つけのセットインスリーブカーディガン

● 本誌54ページ、作品9の詳しい編み方を解説します。製図は63ページにあります。
● プロセスではストレートヤーンの超極太にかえて編んでいます。
　また、ポイントでは別色を使用しています。

● 毎段表・裏と編み地を時計回りに持ちかえて編みます。
● 糸のかけ方と針の入れ方は写真のほか「基礎編み」(p113～127)も併せて参照してください。

### 用具をそろえる

① 10号2本棒針（身頃・袖用）
② 9号2本棒針（ゴム編み用）
③ 8/0号かぎ針
　（縁編み、肩はぎ、袖つけ用）
④ ほつれ止
　（肩の休み目用にあると便利）
⑤ はさみ
⑥ とじ針（とじ、糸始末用）
⑦ 待ち針（袖つけ用）
⑧ 棒針キャップ（あると便利）
⑨ 段数リング（目数、段数を数えながら編むときにあると便利）
⑩ ボタン

## 1 後ろ身頃を編む

### ▌目を作る―別糸の作り目 (P.113)

**1** 針を別糸の向こう側におき、矢印のように回して糸輪を作ります。

**2** 糸輪の交点を左指で押さえ、針に糸をかけて引き抜きます。※この目は1目と数えないため、糸端を引いて目を引き締めます。

**3** 針に糸をかけて引き抜くことをくり返し（ゆるめに編む）、作り目の鎖70目を編みます。※作り目の端は拾いにくいため、必要目数よりも少し多く編みます。

### ▌脇たけを編む ―メリヤス編み (P.115)

1段め

**1** 作り目の編み終わり側から鎖の裏山（裏側のコブ）に棒針を入れ、編み糸を引き出します。

**2** 1をくり返し、70目拾います。これが1段めになります。

`2段め`

`3` 裏の段なので、図と反対の記号の裏目を編みます。
左針の目に右針を入れ、針に糸をかけて引き出します。

`4` 裏目が1目編めました。

`5` `3`をくり返して裏目で1段編み進みます。

`3段め`

`6` 表の段なので表目を編みます。左針の目に右針を入れ、針に糸をかけて引き出します。

`7` 表目が1目編めました。

`8` `6`をくり返して表目で1段編み進みます。

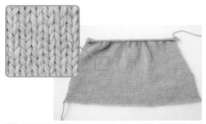

## ガーター編み（P.115）

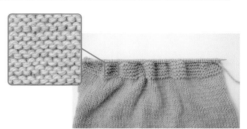

`9` 奇数段（編み地の表側）では表目、偶数段（裏側）では裏目を編むメリヤス編みで、52段編みます。

`10` 奇数・偶数段ともに表目で編むことをくり返して12段編みます。

● 偶数段（編み地の裏側）を表目で編むと表側は裏目になり、編み地に凹凸が出ます。※奇数・偶数各1段で1模様となり、この凹凸を1山と数える。

---

## ┃ 袖ぐりを減らす ― 伏せ目（P.120）、右上・左上2目一度（P.116）

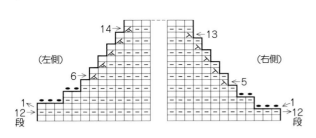

`1段め`

`1` 伏せ目で減らします。1の目と2の目を表目で編み、1の目に左針を入れて2の目にかぶせます。

`2` 伏せ目が1目できました。

`1・2段め`　`3・4段め`

`3` 続けて3の目も表目で編み、2の目に左針を入れて3の目にかぶせます。

`4` 伏せ目が2目できました。

`5` 表目を編んで右の目をかぶせることをくり返し、1・2段めは3目、3・4段めは2目をそれぞれ伏せ目にします。
※伏せ目は段の編み始めで行うため、左右で1段ずれる。

**5段め（右側）**

6 右上2目一度で1目減らします。1の目に右針を矢印のように入れ、編まずに移します。

7 2の目を表目で編んで左針を1の目に入れ、2の目にかぶせます。

8 右の目が左の目に重なり、1目減りました。残りの目は表目で編みます。

**6段め（左側）**

9 左上2目一度で1目減らします。左針の2目に右針を一度に入れ、表目を編みます。

10 1目減りました。残りの目は表目で編みます。

11 6～10をくり返して両脇の袖ぐりを1目ずつ減らします。

12 増減なくガーター編みを続けます。

## 肩下がりを作り、えりぐりを減らす ― 引き返し編み（P.121）、休み目（P.126）

※肩は糸端のある右側から編み、肩の3段めからえりぐりも減らし始めます。

**肩1段め（右側）**

1 段の編み終わりに2目編み残します。

**肩2段め**

2 右針に手前から糸をかけます（かけ目）。

3 かけ目を指で押さえ、次の目を編まずに右針に移します（すべり目）。

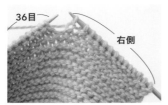

4 次の目から表目を11目編みます。右側の36目は残します。

**えりぐり2段め**

5 えりぐりも減らします。2目を伏せどめます（▲）。

**肩3段め**

6 続けて表目を編み、編み終わりは3目編み残します。※かけ目は目数に数えない。

**肩4段め**

7 1～6の要領で編み進み、肩の6段まで編みますが、5段めでえりぐりを減らします。

## 段消し

1 最後に段消し1段で整えます。表目で3目編み、次のかけ目とその次の表目（◎）を矢印のように右針を入れて編まずに移します。

2 移した2目に矢印のように左針を入れて戻します。かけ目とその次の目が入れかわりました。

3 入れかえた2目を一度に表目で編みます。同様にして、かけ目位置では次の目と一度に、表目で端まで編みます。

4 編み終わりは糸端を肩幅の約4倍残して切り、目は休めます。

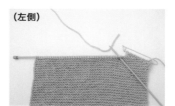

（左側）

5 糸をつけ、中央の22目を伏せどめます。

6 続けて左側の肩とえりぐりは、右側と同じ要領で編みます。

7 左側が編めたところ。次に段消しをします。

かけ目　3目

8 左側の段消しは3目を表目で編み、かけ目は次の目と一緒に2目一度に表目で編みます。

9 編み終わりは糸端を約10cm残して切り、目は休めます。

10 後ろ身頃の肩が編めました。

## 別糸をほどいて目を拾う（P.113）

1 作り目の別糸を編み終わり側からほどきます。

2 1目ずつほどきながら、棒針を矢印のように入れて目を拾います。

3 端にも矢印のように針を入れ、作り目と同じ目数を拾います。

## 裾の2目ゴム編みを編む（P.115）

1段め

1 糸をつけて、表目を1段編みます。

2段め

2 編み地の裏側なので、裏目を2目編みます。

3 次に表目を2目編みます。これをくり返して1段編みます。

## 2目ゴム編みどめで目をとめる（P.123）

3〜12段

4 奇数段は表・裏、偶数段は裏・表の順で、2目ずつくり返し編んでいきます。

2 1

1 2目ゴム編みどめをします。始めに1と2の目に針を入れます。

3　1　2

2 次に手前側から1と3の目に針を入れます。

5 4　3　2

3 2の目の手前から向こう側に針を入れ、5の目の向こうから手前側に針を出します。

5　4　3

4 3の目は向こうから手前に針を入れ、4の目は手前から向こう側に針を出します。

5 針を表目どうしは手前から入れて手前側に出し、裏目どうしは向こう側から入れて向こう側に出すことをくり返します。2と1の目に矢印のように針を入れ（写真左）、3の裏目と1の表目に続けてとおしてとめ終わります。

6 2目ゴム編みどめができました。

● 後ろ身頃が編めました

# 2 前身頃を編む

後ろと同じ要領で対称に2枚編みます。

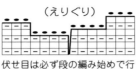

（えりぐり）

伏せ目は必ず段の編み始めで行うため、左右で一段ずれるので注意します。

（前端）

裾のゴム編みは前端のみ表目が3目に変わるので注意します。

# 3 袖を編む

**一般的な作り目で目を作る（P.113）**

1 糸輪を作って針にかけ（1目め）、続けて矢印のように棒針を入れます。
※糸端は編み幅の約3.5倍残す。

2 人さし指にかかっている糸をすくい、親指にかかっているループに上から針を入れて糸を引き出します。

3 親指をはずして糸を引きます。

4 2目めができました。

5 1〜3の要領で袖分の40目を作ります。

**袖下を増す―かけ目の増し目（P.118）**

1〜16段め

1 身頃と同じガーター編みで、増減なく16段編みます。

17段め　（右側）

2 目を増します。1目めを編んだら、かけ目をします。

3 次の目から表目を編みます。

（左側）

4 編み終わり1目手前で2と同様にかけ目をしますが、今度は向こうから手前側に糸をかけます。

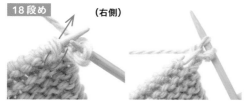

18段め （右側）

（左側）

**5** 前段のかけ目は目をねじって編みます。**3** のかけ目は表目と同様に針を入れて編みます。

**6** **2** のかけ目は右針を向こう側から入れて表目の要領で編みます。これを指定の段数でくり返し、袖下の増し目をします。

● **袖が編めました**
袖山は57ページの袖ぐりと同様に伏せ目と右上・左上2目一度で減らします。

# 4 肩と脇、袖下を合わせる

**目通しはぎ（P.123）**

**1** 後ろ、前身頃を中表に合わせ手前側と向こう側の各1目をかぎ針に移し、向こう側の目を手前側に通します。

**2** 針に糸をかけて引き抜きます。

a　b　c

**3** 次も **1** と同様に2目とって向こう側の目を手前側に通し（a）、針に糸をかけて2目を一度に引き抜きます（b）。1目はぎ合わせたところ（c）。

**4** **3** をくり返し、最後は針に残っている目に糸を通します。

**すくいとじ（P.124）**

**5** もう一方の肩も同様にし、両肩をはぎ合わせます。

**1** 脇は裾のゴム編みからとじます。編み地を突き合わせ、糸端のない側から1段ずつ1目めと2目めの間の渡り糸を交互にすくいます。

**2** 約10段ごとに、とじ糸が見えないように糸を引きます。

**3** メリヤス編みも裾のゴム編みと同様に1段ずつ交互にすくいます。

**4** ガーター編みは手前は下向き、向こう側は上向きの目を交互にすくいます。

**5** 脇とじができました。同様に袖下も合わせますが、増し目位置はねじり目の中央に下から針を入れます。

## 5 前端・えりぐりを編む ※64ページの拾い目位置を参照して目を拾う。

鎖編み（P.114）、細編み（P.118）

**1段め**

1 右前端裾の1目と2目の間にかぎ針を入れ、糸を引き出します。

2 針に糸をかけ、矢印のように引き抜きます。

3 立ち上がりの鎖1目が編めました。

4 同じところに針を入れて糸をかけて引き出し、もう一度針に糸をかけて2ループを一度に引き抜きます。

5 細編み1目が編めました。

6 編み方図（64ページ）を参照し、右前端・えりぐり・左前端の順に細編みを編みます。

**2段め**

7 2段めも細編みで編み進みます。

8 えりぐりの角は細編みを1目編んだらもう一度同じところに細編みを1目編み、目を増して角を作ります。

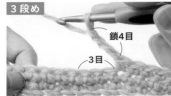

**3段め**

鎖4目

3目

4目め

9 1・2段めと同様に細編みで編みますが、右前端の指定位置で鎖4目を編み、ボタンループを作ります。

10 右前端の3段めまで編めました。続けて左前端まで編みます。

## 6 まとめ

袖の引き抜きとじ（P.126）、糸端の始末（P.127）、ボタンのつけ方（P.125）

1 身頃と袖を中表に合わせて袖山と肩線、袖下と脇を合わせ、均等に待ち針で仮どめします。

2 身頃側を見て脇位置にかぎ針を入れ、糸を引き出してつけます。

3 次の位置に針を入れ、糸をかけて一度に引き抜きます。

4 3の要領で針に糸をかけて引き抜くことをくり返します。段は1目内側を1山ごとに引き抜きます。

5 一周したら糸端をとじ針に通し、始めの目から終わりの目に糸を通して目をつなぎます。

6 糸端は編み地の裏側にくぐらせて始末し、形を整えます。

7 左前端はボタンループと対称の位置にボタンをつけます。

完成！

# 基本的な袖つけの セットインスリーブ カーディガン

作品 9・10 54・55 ページ

### 材料と用具

**糸** **9** 超極太タイプのストレートヤーンの
　　　パールグリーンを720g、ピンクを80g
**糸** **10** 超極太タイプのファンシーヤーンを
　　　630g
**針** **9・10共通** 10号・9号2本棒針、9号4本
　　　棒針　8/0号かぎ針
**付属品** **9・10**に直径2.3cmのボタンを各4個

### ゲージ 10cm四方

9・10共通　メリヤス編み 14目 20段
　　　　　　ガーター編み 14目 28段

### でき上がり寸法

9・10共通　胸回り 102cm　着たけ 58cm
　　　　　　背肩幅 36cm　　袖たけ 45cm

### 編み方要点

1 後ろは**別糸の作り目**で70目作り、脇たけを増減なく**メリヤス編み**で52段と**ガーター編み**にかえて12段編みます。

2 袖ぐりは**伏せ目**と**右上・左上（裏目）2目一度**で減らします。

3 右側から肩の**引き返し編み**とえりぐりを減らし、肩の目を**休み目**にします。

4 左側は糸をつけて中央の目を伏せ、右側と同様に編みます。

5 裾は別糸をほどいて目を拾い、**2目ゴム編み**を12段編みます。編み終わりは**2目ゴム編みどめ**にします。

6 前は後ろと同じ要領で編みますが、前あきのため、左右対称に編みます。

7 袖は**一般的な作り目**で40目作り、ガーター編みで袖下は増し目（かけ目の増し目）をしながら90段編み、袖山を減らします。

8 肩は**目通しはぎ**、脇と袖下は**すくいとじ**で合わせます。

9 前端・えりぐりを**細編み**3段で整えますが、右上前に鎖4目のボタンループを4個作ります。

10 袖は身頃に**引き抜きとじ**でつけ、形を整えて**ボタンをつけ**ます。

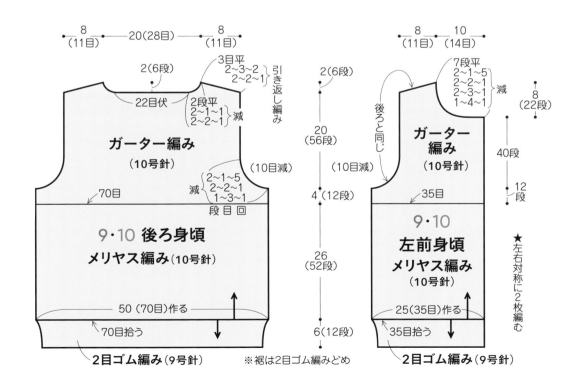

63

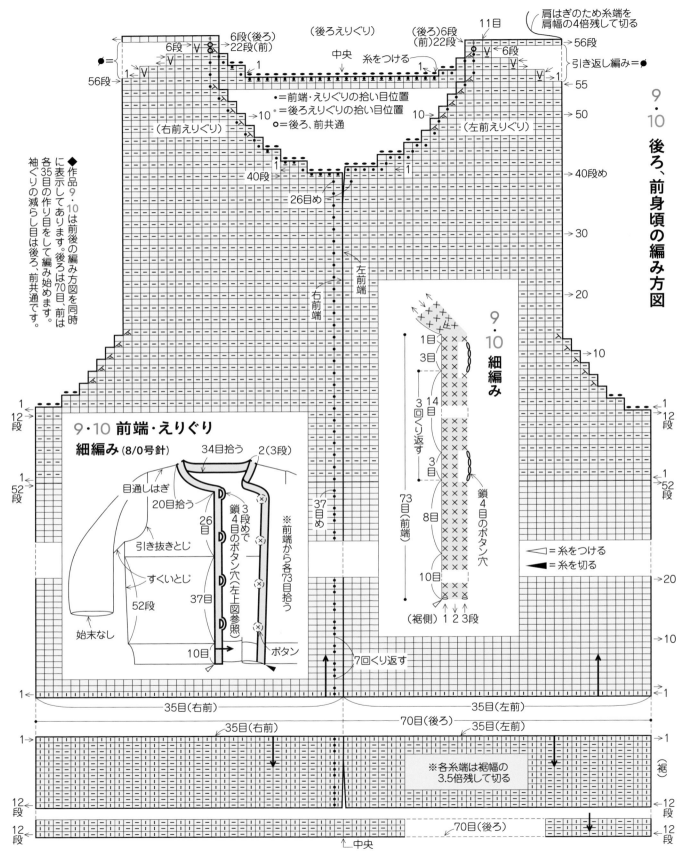

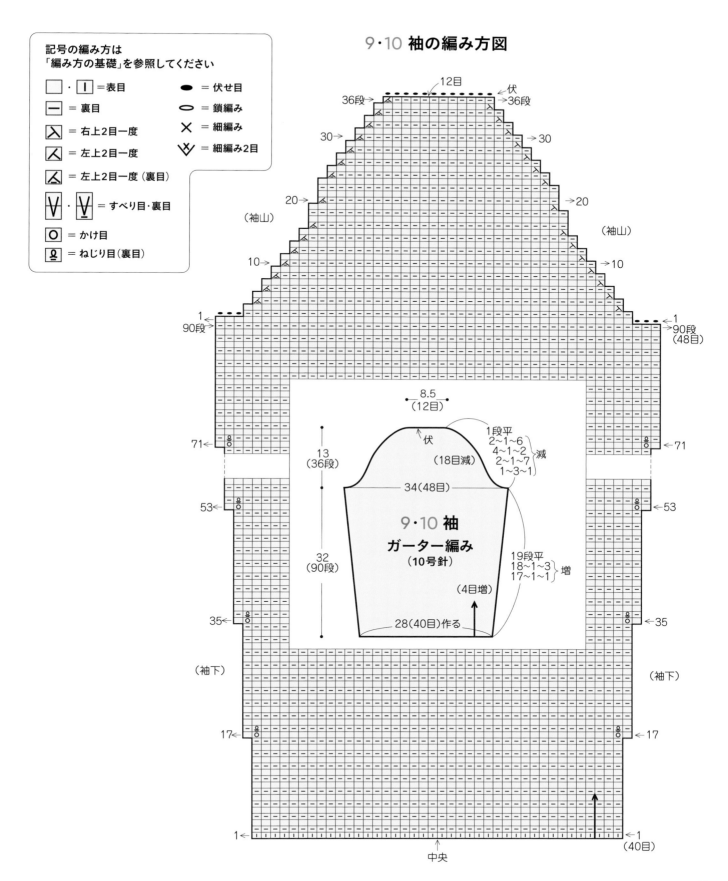

# 9・10 袖の編み方図

記号の編み方は
「編み方の基礎」を参照してください

| | | | |
|---|---|---|---|
| □・Ⅰ = 表目 | | ● = 伏せ目 | |
| — = 裏目 | | O = 鎖編み | |
| 入 = 右上2目一度 | | ✕ = 細編み | |
| 入 = 左上2目一度 | | Ｗ = 細編み2目 | |
| 入 = 左上2目一度（裏目） | | | |
| Ｖ・Ｖ = すべり目・裏目 | | | |
| O = かけ目 | | | |
| ⍉ = ねじり目（裏目） | | | |

12目
36段→ ←伏
36段
30→ ←30
（袖山）
20→ →20 （袖山）
10→ ←10
1
90段→ →1
90段
(48目)

71← →71

53← ←53

35← →35

17← →17

1← ←1
(40目)

中央

・8.5・
（12目）
伏
1段平
2~1~6
4~1~2
2~1~7  }減
1~3~1
（18目減）

34（48目）

13
（36段）

32
（90段）

9・10 袖
ガーター編み
（10号針）

19段平
18~1~3
17~1~1  }増

（4目増）

28（40目）作る

（袖下） （袖下）

65

# ネックから編む
# 丸ヨークカーディガン

デザイン 柴田 淳　　編み図 76 ページ

11

ネックから編み始める丸ヨークカーディガン。ネック
から編むほうがかんたんという方も多いですし、何よ
り丸ヨークの形がキュート。しかも作品 11 〜 13 は、
前後着られる着こなし豊富なデザインです。
使用糸　スキー毛糸　スキールーノ

**12**

きれい色の段染め糸を使用し、あき側を後ろに
してプルオーバー風の着こなしに。市松模様の
丸ヨークがより浮き立ちます。やさしく編める
表・裏メリヤス編みを駆使した模様が素敵です。
使用糸　スキー毛糸　スキーファンタジア　クレイオ

VARIATION

**13**

裾と袖口に市松模様をプラスして、
着たけ、袖たけを長くしたガーディ
ガン。インナーを組み合わせてジャ
ケット風に羽織ってもおしゃれです。
使用糸　スキー毛糸　スキートレノ

# 編みもの教室

## ネックから編む丸ヨークカーディガン

● 本誌66ページ、作品11の詳しい編み方を解説します。製図は76ページにあります。
● プロセスではポイントで別色を使用しています。

● 毎段表、裏と編み地を時計回りに持ちかえて編みます。
● 糸のかけ方と針の入れ方は、写真解説のほか「基礎編み」（P.113〜127）も併せて参照してください。

### 用具をそろえる

① 7号60cm輪針（ヨーク・身頃用）
② 7号40cm輪針（袖用）
③ 7/0号針かぎ針
④ はさみ
⑤ とじ針（糸始末用）
⑥ マーカー
　（糸印のかわりにあると便利）
⑦ 目数リング
　（編み始め位置の確認用）

## 1 前後ヨークを編む

### 目を作る ── 一般的な作り目（P.113）

**1** 左指に手前から糸を一周かけます（a）。指の向こう側にかかっている糸の内側から短い方の糸端を引き出し（引き抜かない）ます（b）。糸玉の方の糸を引いて糸輪を作ります（c）。

**2** 7号60cmの輪針を二つ折りにして針を2本合わせます。できた糸輪をかけ、糸を引いて引締めます。

**3** これが1目めになります。

**4** 親指に短い糸端をかけ、人指し指に長い方の糸をかけます。親指側から矢印のように針を入れ（a）、次に人指し指にかかっている糸から矢印のように針をすくって糸を引き出します（b）。

5 親指にかかっている糸をはずし、糸を下に引きます。2目めができました。3目め以降は4・5をくり返し、全部で122目作ります。

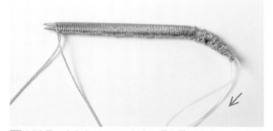

6 122目できたところ。これを1段と数えます。コードの1本を引き抜いて針を1本にします。

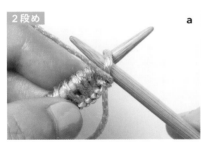

7 作り目は裏の段になります。次に往復編みでヨークのA模様を編みます。

## A模様で前後ヨークを編む
— 表目・裏目（P.115）、かけ目（P.117）、休み目（P.126）

1 糸玉のある方の針先を左手に持ちます。

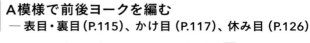

2段め

a    b    c

はずす

2 裏目を編みます。糸を手前側において左針の目に右針を向こう側から入れ（a）、糸をかけて引き出します（b）。左針にかかっている目をはずします（c）。

3 裏目が編めた状態。裏編みをあと3目編みます。

4 次に表目を編みます。

a    b    c

5 糸を向こう側において左針の目に右針を手前側から入れ（a）、針に糸をかけて（b）引き出します（c）。

6 左針にかかっている目をはずします。表目1目が編めた状態。表目をあと5目編みます。

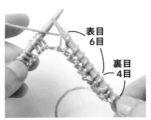

7 次に裏目6目を編みます。

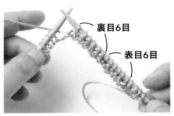

8 表目、裏目を各6目で12目をくり返して編み、最後は裏目4目を編みます。

9 2段めが編み終わったところ。

3段め
10 前あきのため輪には編まず、糸玉がある方の針先を左手に持ちかえます。

11 裏の段のため、表目4目から編み始めます。次は裏目6目、表目6目とくり返し編みます。

12 10と同じ要領で針を持ちかえながら往復編みで9段め編みます。9段まで編めた状態。次は表目と裏目の位置を逆に編みながら増し目をします。

10段め
13 表目4目編みます。次にかけ目をします。

14 右針に手前から糸をかけます（かけ目）。

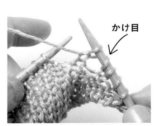

かけ目
15 目が1目増えました。かけ目がはずれないように注意し、裏目6目を編みます。

16 手前から糸をかけてかけ目をします。

かけ目

17 表目6目を編みます。6目ごとの模様の切り替え位置でかけ目をします。

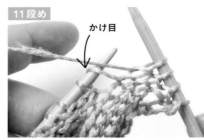

11段め
かけ目

18 裏目4目を編みます。次のかけ目位置でさらに増し目をします。

a

b

表目
裏目
c

19 かけ目に裏目を編み（a）、左針にかかっているかけ目ははずさずに残します（b）。同じかけ目に表目を編みます（c）。

20 左針にかかっているかけ目をはずします。目が1目増えました。

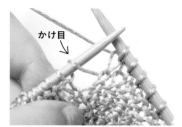

かけ目

a

→ − │ ○ ←

b

裏目
表目

c

21 かけ目の手前まで表目6目編みます。

22 かけ目に表目を編み（a）、左針にかかっているかけ目ははずさずに残します（b）。同じかけ目に裏目を編みます（c）。6目ごとにかけ目の位置で 19・20・22 をくり返します。

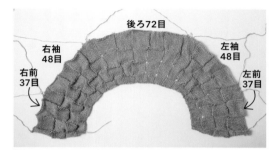

後ろ72目

右袖
48目

左袖
48目

右前
37目

左前
37目

23 21段まで編めたところ。同じ要領で22・23段め、36・37段めで増し目と表・裏目を切り替えながら53段まで編みます。

24 53段まで編め、縦に4ブロックの格子柄ができました。ヨークを後ろ72目、前各37目と左右の袖各48目に目を分けます。

25 目を分けたら、袖の目は別糸に休ませて左前37目、後ろ72目、右前37目の計146目を7号60cm輪針に目を戻します。

## 2 前後身頃を編む

### B模様を編む ─ 鎖編みの作り目（P.114）、別糸の作り目（P.113）

1 別糸で鎖24目を2本作っておきます。あとで目が足りなくならないように2・3目多く作っておくと良いでしょう。

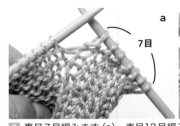

a

7目

b

12目

c

12目

2 左前から編み始め、B模様で脇たけを増減なく前後続けて編みます。

3 裏目7目編みます（a）。表目12目編み（b）、裏目12目を編みます（c）。b・cの24目が1模様になります。次に表目6目を編んでからまちを作ります。

4 別糸の作り目の裏山（裏側のコブ）に針を入れ、糸を引き出して24目を拾います。

5 24目拾ったら続けて後ろ身頃の72目を編みます。

6 表目6目を編み、裏目12目と表目12目をくり返し編みます。右側のまち、右前も同様に編みます。

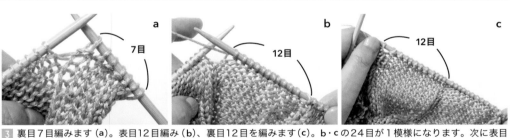

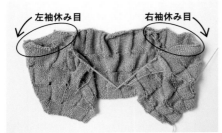

左袖休み目　　　右袖休み目

7 左前37目、まち24目、後ろ72目、まち24目、右前37目の194目で1段編んだところ。

8 段数が数えやすいようにマーカーをつけながら、増減なく80段編みます。写真左は44段まで編んだところ（マーカーは20段ごとにつけてあります）。写真右はB模様のアップ。80段まで編んだら裾を伏せどめます。

## 裾を伏せどめる―伏せどめ（P.120）

### 裏目の伏せどめ

1 裏目を2目編み、1目めに針を入れて2目めにかぶせます。

2 1目伏せどめました。次からは裏目を編んでかぶせることを7目までくり返します。

3 7目まで裏目の伏せどめをしたところ。

### 表目の伏せどめ

4 表目を1目編み、1目めに左針を入れます。

5 1目めを2目めにかぶせます。くり返して表目の12目を伏せどめます。

6 前段と同じ目を編みながら伏せどめをくり返します。

7 裾の伏せどめが終わったところ。写真左は平に置いた状態、写真右は脇で折って前から見た状態。形が見えてきました。次は袖を編みます。

## 3 袖を編む　左上2目一度（P.116）

1 休めていた48目を7号40cm輪針に目を移します。

2 まちの目を拾いますが、糸をつけずに身頃の目に右の針先を向こう側から入れて拾います。

3 別糸の作り目は24目ですが、編み方向が逆なので両端に半目があるために25目拾います。

④ 25目めは別糸とつながっている目を向こう側からすくいます。

⑤ 糸をつけてヨークからの目を表目6目から編み始め、B模様を48目編みます(この位置が編み始めになります)。

**a**

**47目め**

**b**

**c**

⑥ ヨークからの目を47目めまで編んだら、まちと袖の境に穴が開かないように左上2目一度に編みます。始めに拾った目とつながっている糸と、ヨークの48目めに矢印のように針を入れ(a)、2目一度に表目で編みますが、目は減りません(b)。左上2目一度が編め、まちの1目になります(c)。次にまちの目を表目5目、裏目12目、表目5目で23目まで編んで反対側も左上2目一度に編みます。

⑦ まちを23目まで編んだところ。24目めと25目めに針を入れ、2目一度に編みます。

**目数リング**

⑧ 左上2目一度が編め、1段めが編み終わりました。1目減り、まちが24目になります。

⑨ 編み始め位置がわかるように目数リングを針に通します。

⑩ 1段拾い終わったら、別糸の作り目はほどいて取り除きます。B模様で増減なく96段編みます。

⑪ 30段まで編んだところ。96段まで編んだら伏せどめます。

⑫ 片袖が編めました。もう片袖も同様に編みます。

---

## ④ 前立てを編む

**段からの目の拾い方(P.119)、**
**1目ゴム編み(P.115)**

4段から3目を32回くり返し、
5段から5目を拾う

(えりぐり) |||| |||| (裾)

•=前立ての拾い目位置

1目のボタン穴(右前立て)

← 5段め

← 1

1目 16目

① 7号60cm輪針を使用し、新たに糸をつけて右前身頃の1目内側から前立てを101目拾います。4段から3目拾います。

② ①を32回くり返します。

③ 最後は5段から5目を拾って拾い終わります。

**2段め**

④ 両端は表2目ですが、裏の段なので裏目2目から1目ゴム編みを編み始めます。

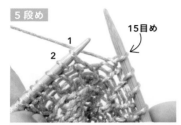 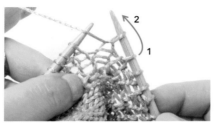 

5段め

15目め

⑤ 右前はボタン穴を作ります。15目めまで1目ゴム編みを編みます。

⑥ 1の目に手前から針を入れて右針に移し、2の目を裏目で編んで1の目を2の目にかぶせます。

⑦ 右上2目一度が編めた状態です。

6段め

⑧ 糸を手前からかけ（かけ目）、次の目を表目で編みます。裏目の位置で1目のボタン穴ができました。指定位置でボタン穴をあと3個作ります。

⑨ かけ目（ボタン穴）の手前まで編みます。

⑩ 裏の段のため、かけ目に表目を編みます。あとは10段まで1目ゴム編みを編みます。

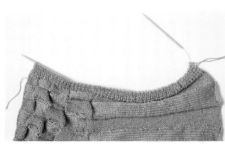

右前立てが編めたところ。次に伏せどめをします。

⑫ 表目を2目編み、1目めを2目めにかぶせます。

⑬ 裏目1目を編んで1目めをかぶせます。前段の目と同じ目を編みながら伏せどめをします。

⑭ 7目を伏せどめたところ。

⑮ 左前立てはえりぐり側から編みます。左右の前立てが編めました。

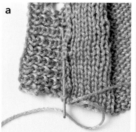  

a b c

⑯ 糸端の始末をします。とじ針に糸端を通し、編み地裏側の拾い目にとじ針をくぐらせます（a）。数目戻して通し、糸端を抜けにくくして（b）カットします（c）。

#  えりを編む

左上2目一度（裏目）（P.116）、ボタンのつけ方（P.125）

前立てから拾う

7目

• ＝えりの拾い目位置

作り目から拾う
「8目から7目を2回、7目から6目を1回」
を5回くり返し、7目から7目拾う（107目）

1目のボタン穴（右上前）

←13段め
〜
←1

5目

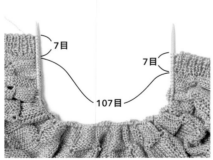

7目
107目
7目

⒈ 新たに糸をつけて前立てから各7目、作り目から107目拾って1目ゴム編みを編みます。

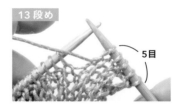

13段め
5目

⒉ 1目のボタン穴を作ります。端2目の表目から編み始めて1目ゴム編みを5目編み、手前から糸をかけてかけ目をします。次に糸を手前において矢印のように2目に右針を入れます。

⒊ かけ目がはずれないように指で押さえながら裏目で2目を一度に編みます。1目のボタン穴ができたところ。1目ゴム編みを20段まで編みます。

⒋ 20段まで編んだ状態。伏せどめをします。

⒌ 前立てと同じ要領で伏せどめをします。

⒍ 伏せどめが終わり、えりが編めました。

完成！

⒎ ボタンをつけて完成です。

# ネックから編む丸ヨークカーディガン

 11
 12
 13

作品 11・12・13　66・67ページ

**材料と用具**

- 糸　11　スキー毛糸　スキールーノ（30g巻・約82m…合太タイプ）の7202（グレー）を320g（11玉）
- 糸　12　スキー毛糸　スキーファンタジア　クレイオ（40g巻・約117m…合太タイプ）の3102（ダリア）を305g（8玉）
- 糸　13　スキー毛糸　スキートレノ（30g巻・約105m…合太タイプ）の2711（ベージュ）を325g（11玉）
- 針　11・12・13共通　7号60cm・40cm輪針
- 付属品　11・12に直径2.3cmのボタンを各5個　13に直径2.3cmのボタンを6個

●作品11の詳しい編み方は68ページからの編みもの教室を参照してください

◆作品の11・12・13ともにヨークのA模様と身頃、袖のB模様までは3点共通です。作品13はB模様に続けてA模様を身頃、袖ともに36段編みます。

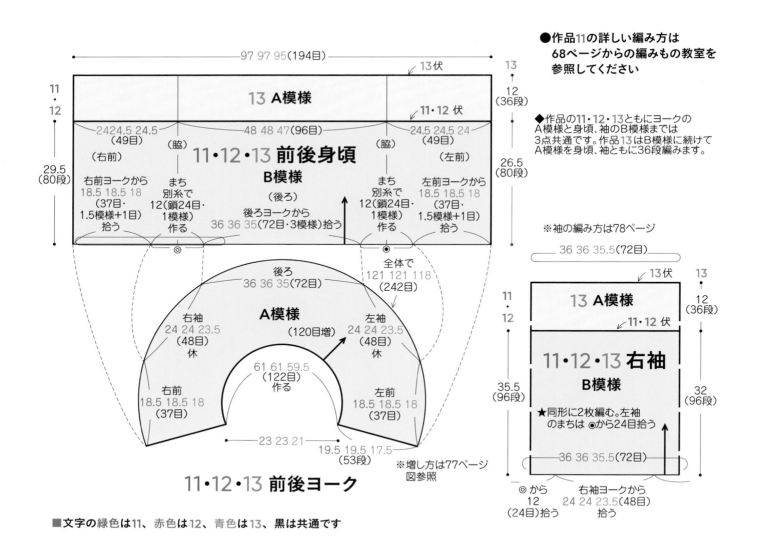

11・12・13 前後ヨーク

11・12・13 右袖

※袖の編み方は78ページ
※増し方は77ページ図参照

■文字の緑色は11、赤色は12、青色は13、黒は共通です

**ゲージ 10cm四方**

| 11・12共通 | A・B模様 20目 27段 |
|---|---|
| 13 | A・B模様 20.5目 30段 |

**でき上がり寸法**

| 11・12共通 | 胸回り 100cm　着たけ 49cm |
|---|---|
| | ゆきたけ 66.5cm |
| 13 | 胸回り 98cm　着たけ 56cm |
| | ゆきたけ 72cm |

**編み方要点**

1　前後ヨークは**一般的な作り目**でえりぐり側からA模様で往復に編みます。図を参照して増し目をしながら53段編みます。

2　後ろ、前、袖に目を分け、左右袖の48目は**休み目**にします。

3　**別糸の作り目**でまち分の鎖24目を2本作っておきます。ヨークと作り目から194目拾い、B模様で増減なく往復に80段編みます。**11・12は伏せどめ**ます。

4　**13**は続けてA模様を36段編んで伏せどめます。

5　袖は身頃のまちから24目とヨークから48目を拾い、B模様で輪に96段編みます。**11・12は伏せどめ、13**は続けてA模様を36段編んで伏せどめます。

6　**1目ゴム編み**で前立て、えりの順に編みますが。右前立てとえりの右端には1目のボタン穴を作ります。編み終わりは伏せどめます。形を整えて**ボタンをつけます**。

## 11・12・13 前後ヨークの編み方図　A模様

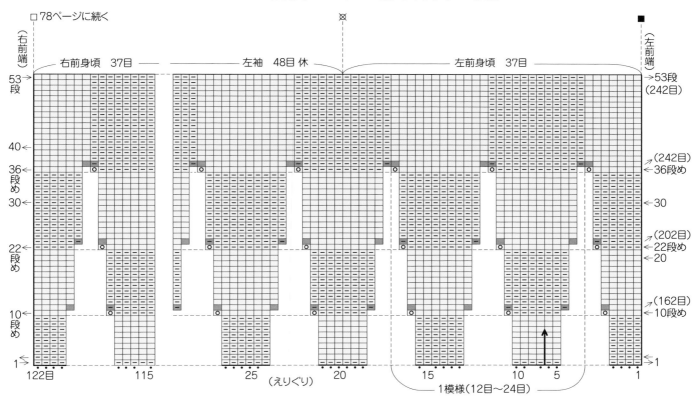

| 一 | ＝かけ目の次の段で表目・裏目を編み、2段で2目の増し目をする |
|---|---|

| ■ | ＝かけ目の次の段で裏目・表目を編み、2段で2目の増し目をする |
|---|---|

・＝えりの拾い目位置　「8目から7目を2回、7目から6目を1回」を5回くり返し、7目から7目拾う

**記号の編み方は「編み方の基礎」を参照してください**

| □・| | ＝表目 | 人・人 | ＝左上2目一度・裏目 | ● | ＝伏せ目 |
|---|---|---|---|---|---|

| 一 | ＝裏目 | O | ＝かけ目 | 人 | ＝右上2目一度（裏目） |
|---|---|---|---|---|---|

（袖口）

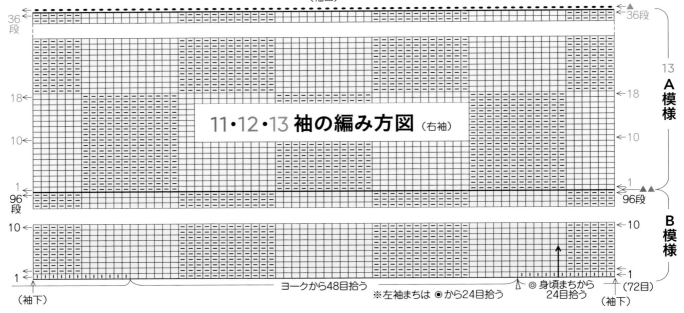

11・12・13 袖の編み方図（右袖）

36段
18←
10←
1←
96段
B模様
10←
1←

13 A模様
←18
←10
1←
96段
←10
1←
（72目）

（袖下）
ヨークから48目拾う
※左袖まちは ◉ から24目拾う
◎ 身頃まちから24目拾う
（袖下）

▲・▲・▲ ＝前段と同じ目を編みながら伏

（裾）
24目1模様

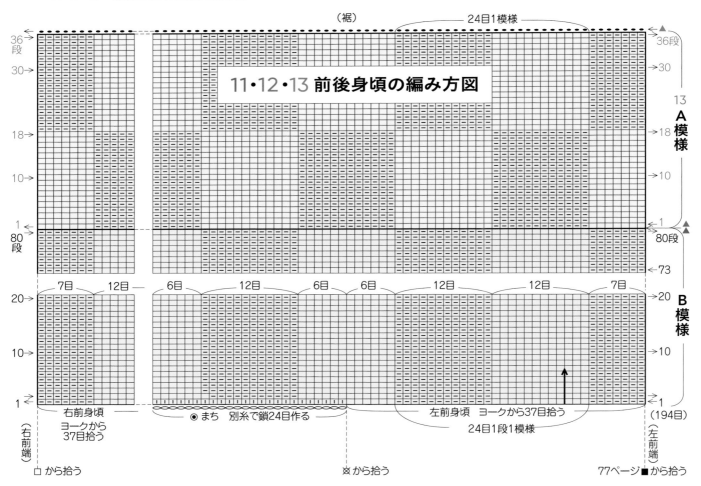

11・12・13 前後身頃の編み方図

36段
30→
18→
10→
1←
80段

73
20→
10→
1←

13 A模様
→30
→18
→10
1←
80段
←73
20→
10→
←1
（194目）

7目　12目　6目　12目　6目　6目　12目　12目　7目

右前身頃
ヨークから37目拾う

◉ まち　別糸で鎖24目作る

左前身頃　ヨークから37目拾う
24目1段1模様

（右前端）
□ から拾う

※ から拾う

77ページ ■ から拾う
（左前端）

■文字の緑色は11、赤色は12、青色は13、黒は共通です

78

## 13 前立て、えり　1目ゴム編み

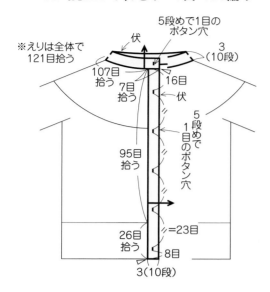

※えりは全体で
121目拾う

5段めで1目の
ボタン穴

伏

107目
拾う

3
(10段)

7目
拾う

16目

伏

95目
拾う

5段めで
1目のボタン穴

26目
拾う

=23目

8目

3(10段)

◁ =糸をつける

☐ ・ I =表目

▲ =前段と同じ目を編みながら伏

## 11・12 前立て、えり　1目ゴム編み

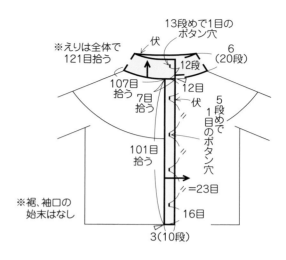

※えりは全体で
121目拾う

13段めで1目の
ボタン穴

伏

107目
拾う

3
6
(20段)

12段

7目
拾う

12目

伏

101目
拾う

5段めで
1目のボタン穴

=23目

※裾、袖口の
始末はなし

16目

3(10段)

## 11・12・13 えりと1目のボタン穴

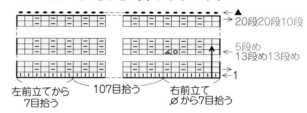

20段20段10段

5段め
13段め13段め

1

左前立てから
7目拾う

107目拾う

右前立て
∅ から7目拾う

## 11・12・13 前立ての目の拾い方　・=前立ての拾い目位置

**11・12** 身頃B模様とヨークA模様から拾う（101目）

4段から3目を32回くり返し、
5段から5目を拾う

32回

（えりぐり）|||||||||||| ||||| （裾）

**13** 身頃A模様から拾う（裾側26目）

「4段から3目、3段から2目」を4回くり返し、
4段から3目を2回拾う

4回

|||||| |||||||||||| |（裾）

**13** 身頃B模様とヨークA模様から拾う（95目）

「4段から3目、3段から2目」を18回くり返し、
3段から2目を2回、1段から1目拾う

18回

（えりぐり）|||||||||||| ||||| （裾）

## 13 1目のボタン穴（右前立て）

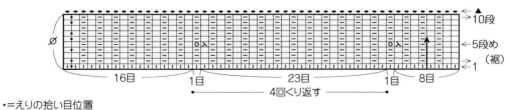

▲

10段

5段め

（裾）

1

∅

16目

1目

23目

1目

8目

4回くり返す

・=えりの拾い目位置

## 11・12 1目のボタン穴（右前立て）

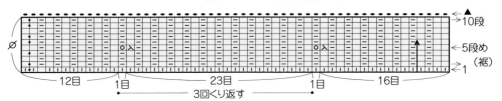

▲

10段

5段め

（裾）

1

∅

12目

1目

23目

1目

16目

3回くり返す

# アラン模様のプル

デザイン 河合真弓　　編み図 90 ページ

14

身頃中央と袖山に大小を組み合わせた縄編みを
配したアラン模様のプル。編みやすい太糸のス
トレートヤーン使用なので、模様がきれいに浮
き立っています。着たけは軽快な短めに。

使用糸　スキー毛糸　スキーフローレン

15

作品14と同じ形の色違い。深みのあるブルーカラーが秋らしくて素敵です。袖山に配したアラン模様が効果的。

使用糸　スキー毛糸　スキーフローレン

16

タートルネックのえりつきにして、着たけを長く。よりウォーム感を添えたカジュアルプル。飽きずに着られる生成りのさわやかさも魅力です。

使用糸　スキー毛糸　スキーフローレン

指導：河合真弓

Lesson 7

# 編みもの教室

## アラン模様のプル

●本誌80ページ、作品14の詳しい編み方を解説します。製図は90ページにあります。
●プロセスではポイントで別色を使用しています。

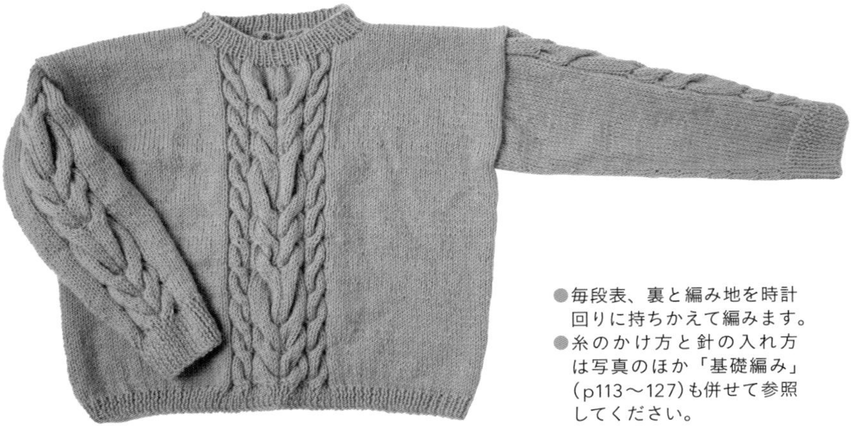

●毎段表、裏と編み地を時計回りに持ちかえて編みます。
●糸のかけ方と針の入れ方は写真のほか「基礎編み」(p113～127)も併せて参照してください。

**用具をそろえる**

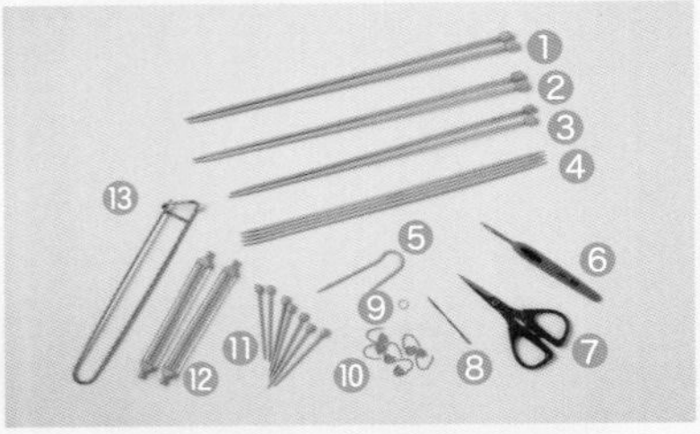

❶ 7号2本棒針（身頃・袖用）
❷ 6号2本棒針（裾のゴム編み用）
❸ 5号2本棒針（袖口のゴム編み用）
❹ 5号4本棒針（えり用）
❺ なわあみ針
❻ 6/0号かぎ針（肩はぎ・袖つけ用）
❼ はさみ
❽ とじ針（とじ、糸始末用）
❾ 目数リング（編み始め位置の確認用）
❿ マーカー（段数などの印つけ用）
⓫ 待ち針（袖つけ用）
⓬ 両開きほつれ止
⓭ ジャンボほつれ止

## 1 後ろ、前身頃を編む

### 目を作る ― 一般的な作り目（P.113）

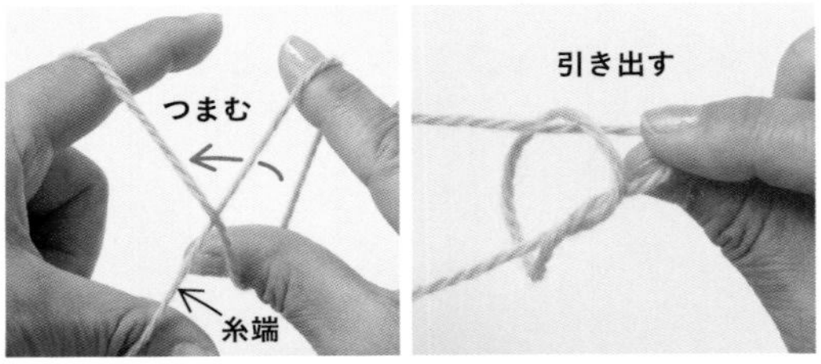


1 約190cm残した位置で糸を交差させ、輪の中から糸玉のほうの糸をつまんで引き出し、小さい輪を作ります。

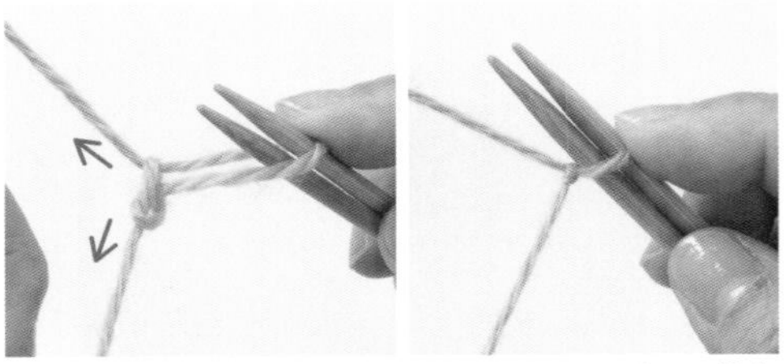

2 できた輪を6号針2本にかけ、糸を下に引いて輪を引き締めます。これが1目めになります。

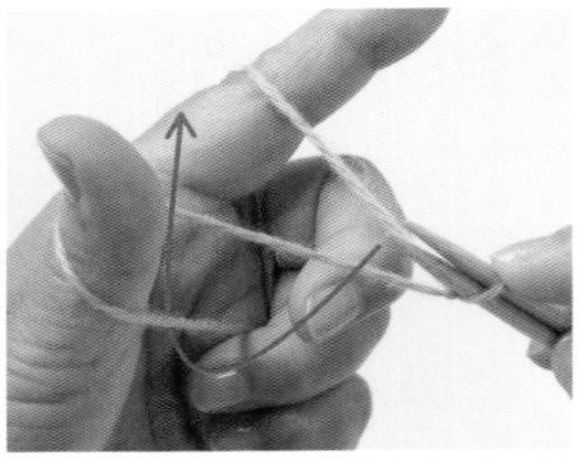

3 親指側に短い糸端をかけ、人さし指に糸玉のほうの糸をかけます。親指側から矢印のように棒針をかけます。

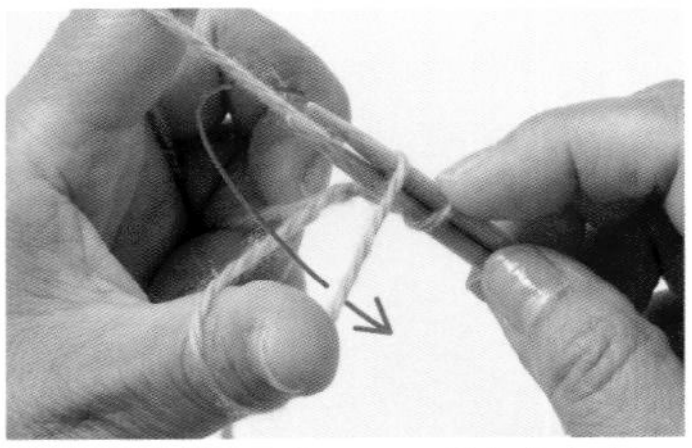

4 人さし指にかかっている糸をすくい、親指にかかっているループの中に上から棒針を入れて糸を引き出します。

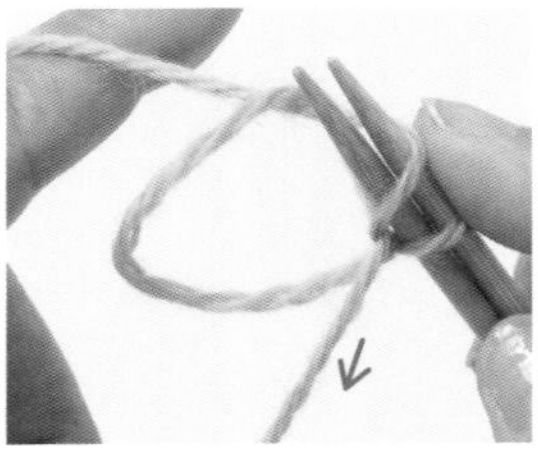

5 親指にかかっている糸をはずし、糸を下に引きます。

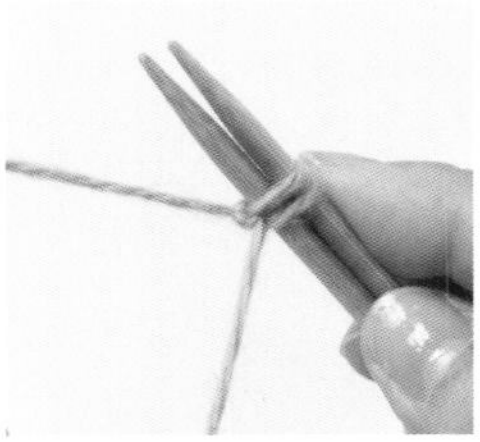

6 2目めができました。3目以降は 3～5 をくり返し、全部で113目作ります。

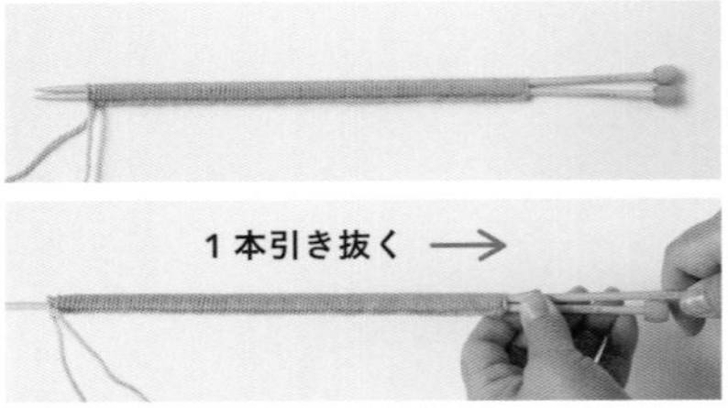


7 必要目数の113目ができました（上）。これを1段と数えます。棒針を1本引き抜きます（下）。次に編み地を持ちかえ、2段めから1目ゴム編みを編みます。

## 裾を編む － 1目ゴム編み（P.115）

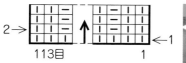

2 →

113目 　　　 1

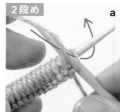

2段め　　　a

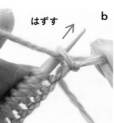

はずす　　　b

c

1 裏の段になるので図と反対の記号を編みます。糸を手前側において左針の目に右針を向こう側から入れ、針に糸をかけて引き出します（a）。左針にかかっている目をはずして（b）裏目1目が編めた状態（c）。a～cをくり返して裏目をもう1目編みます。次に表目を編みます。

2 糸を向こう側において左針の目に右針を手前側から入れ、針に糸をかけて引き出します。

3 左針にかかっている目をはずします。表目1目が編めた状態。裏目1目・表目1目をくり返して編みます。編み終わりは裏目2目を編みます。

4 2段めの1目ゴム編み113目が編めました。編み地を持ちかえ、3段めの表の段を編みます。

3段め

5 記号図通り表目2目、裏目1目を編みます。表目1目、裏目1目をくり返し、最後は表目2目を編みます。

6 裾の1目ゴム編み8段が編めたところ。

## 脇たけを編む

**メリヤス編み（P.115）**
**かけ目　ねじり目（P.117）**
**右上3目交差（P.119）**
**左上3目交差**

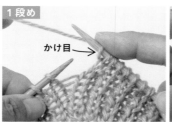

1段め

かけ目→

1 身頃の脇たけ1段めで4目の増し目をして117目にします。7号針にかえて表目54目編み（メリヤス編み分38目＋A模様分16目）、針に糸を手前からかけて（かけ目）表目2目を編みます。

2 続けてかけ目、表目1目、かけ目、表目2目、かけ目を編みます。

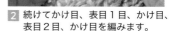

3 かけ目で4目の増し目をした状態。このままでは穴があいてしまうため、2段めにかけ目の上の位置でねじり目を編みます。

2段め

4 A模様の位置で裏目が入りますが、裏の段なので表目を2目編みます。

5 かけ目の上の段の位置です。糸を手前側におき、矢印のように向こう側から針を入れ（かけ目をねじった状態）、右針に糸をかけて引き出します。

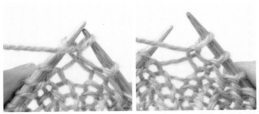 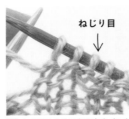 

6 左針にかかっている目をはずして裏側から編むねじり目が編めたところ。

7 かけ目の穴が目立たなくなります。

8 身頃2段めが編み終わったところ。 3段めは目数の違う右上、左上交差を編みます。

## 左上3目交差

9 A模様の裏目2目を編み、左針の3目をなわあみ針の短いほうから針を入れて移します。

10 なわあみ針を向こう側に休めます。

11 左針の3目を表目で編みます。

## 左上5目交差

12 休めていた3目をなわあみ針の長いほうに移動し、そのまま3目を表目で編みます。左上3目交差のでき上がりです。裏目2目を編んで次に左上5目交差を編みます。

13 9と同じ要領でなわあみ針に5目を移し、向こう側に目を休めます。左針の5目を表目で編みます。

14 なわあみ針の5目を表目で編んで左上5目交差のでき上がりです。次に裏目1目を編みます。

## 右上5目交差

15 左針の5目をなわあみ針の短いほうから針を入れて移し、手前側に休ませます（左）。左針の5目を表目で編みます（右）。

16 休めていた5目をなわあみ針の長いほうに移動し、表目で5目編みます。

17 右上3目交差は右上5目交差と同じ要領で編みます。

18 32段1模様の模様編みが編めたところ。32段ごとの模様をくり返して編み進めます。

19 66段編んだら袖つけどまりにマーカーをつけ、後ろえりぐりまで36段編みます。

## 後ろえりぐりを編む ― 伏せ目 (P.120)

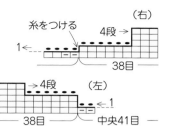

糸をつける　（右）
1← 4段→
38目

→4段（左）
38目　中央41目

右側1段め

右側2段め

1 えりぐり1段めの38目（肩32目＋えりぐり6目）までメリヤス編みを編んだら編み地を裏に返します。

2 6目の伏せ目をします。向こう側から右針を入れて編まずに目を移し、2目めを裏目で編みます。

3 編まずに移した目に手前から左針を入れて2目めにかぶせます（左）。1目の伏せ目が編めたところ（右）。1目裏目に編んでかぶせることをくり返します。

4 6目の伏せ目をしたところ。残りの目は裏目で端まで編みます。

5 伏せ目を表から見たところ。次にメリヤス編みを増減なく2段編みます。

6 右側の肩32目をほつれどめに移して目を休めます。

7 肩はぎ用に肩幅の約4倍残して糸を切ります。次に糸をつけて中央の伏せどめと左側を編みます。

8 新たに糸をつけ、左針の1目を表目で編みます。

9 2目めも表目で編み、えりぐりの伏せ目と同様に右側の目をかぶせます。これで1目の伏せ目です。表目で1目編んでかぶせることをくり返して全部で中央の41目を伏せどめます。

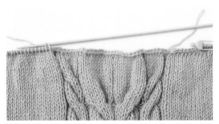

左側3段め

10 41目伏せどめたところ。続けて表目で左端まで編み、裏に返して裏目で1段編みます。

11 手前から針を入れ、編まずに右針に目を移します。2目めを表目で編みます。

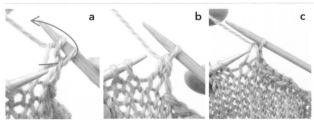

a　b　c

12 編まずに移した目に手前から左針を入れて2目にかぶせます（a）。かぶせたところです。1目の伏せ目が編めました（b）。1目表目に編んでかぶせることをあと5回くり返し、6目を伏せ目にします（c）。

13 残りの目を表目、次の段を裏目で編んで左側のえりぐりが編めました。

14 肩の目をほつれどめに休めます。後ろ身頃が編めました。前身頃も後ろと同様にえりぐりまで編みます。

## ▍前えりぐりを編む

 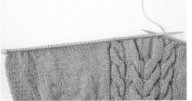 

**1** 前身頃の袖つけどまりから 26 段編んだら持ちかえて 51 目（肩32目＋えりぐり19 目）編みます。左側の 66 目をほつれどめに移して目を休ませ、右側から編みます。伏せ目の編み方は後ろと同じです。

**2** 左側も後ろと同様に中央を伏せどめにしてえりぐりを編み、肩の目を休めます。

---

## 2 袖を編む　かけ目の増し目（P.118）

**右側**　　　　**左側**

**3 段め**

**左側**

**4 段め**

**1** 袖口と模様編みの編み方は身頃と同じですが、袖下の増し目をします。右端の 1 目を表目で編み、かけ目をします。左側は左端の 1 目手前まで編んでかけ目、端の目を表目で編みます。

**2** 右端の 1 目を裏目で編み、前段のかけ目に向こう側から針を入れて裏目を編みます（ねじり目）。

**右側**

**4 段めの表側**

増えた目　　　　　　　　増えた目

 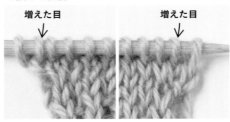

**3** 左端のかけ目の手前まで編みます。前段のかけ目に向こう側から針を入れて裏目で編み、端の目も裏目で編みます。

**4** 左右のかけ目とねじり目の増し目が編めた状態。増し目位置で **1**～**3** をくり返します。

**5** 袖下が編めました。次は伏せどめをします。

---

   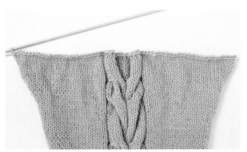

**6** 端 2 目を表目で編み、1 目めの表目に手前から左針を入れて 2 目めの表目にかぶせます。

**7** 1 目表目に編んでかぶせることをくり返します。

**8** 伏せどめが終わった状態

 a
 b
 c

9 最後の目を引き伸ばし（a）、糸を切ります（b）。引き伸ばしたループの中から糸を引き出します（c）。

10 袖つけの目安に袖中央にマーカーをつけます。

11 袖が編み終わりました。

---

## 3 肩をはぐ　目通しはぎ（P.123）

1 休めておいたほつれどめの片側のキャップをはずし、棒針として使用します。編み地を中表に合わせ、手前側と向こう側の1目を6/0号針に移します。

2 1の左写真のように手前側の目の中に向こう側の目を通します。

3 かぎ針に糸をかけて引き抜きます。

4 引き抜いたところ。

裏

表

5 1・2をくり返し、針に残った2目を一度に引き抜きます。これをくり返します。

6 目通しはぎを6目したところ。続けてはぎます。

7 端まではぎ合わせたら、そのまま糸端を最後のループの中に引き抜きます。

8 もう片方の肩も同様にはぎます。両肩がはぎ合わせられました。

---

## 4 えりを編む　※91・92ページの拾い目位置を参照して目を拾う

**段から目を拾う（P.119）、糸端の始末（P.127）**

1 5号4本棒針を使用します。左肩から拾い始め、前・後ろと拾います。段からの拾い目は端の目と2目の間、目からは目に針を入れて、糸を引き出します。

2 1本の針でメリヤス編みからは12目（上）、続けてA模様の前中央まで13目の計25目を拾います（下）。

3 中央からもう1本の針で同様に25目拾います。

4 3本めの針で後ろから40目拾います。

5 全体で90目拾います。最後の目の後ろに編み始め位置がわかるように目数リングを通しておきます。

6 1目めを表目に編みます（左）。目数リングが抜け落ちないように編んだ1目めを3本めの棒針に移します（右）。

7 2目めを裏目で編み、1目ゴム編みを輪に編みます。

8 8段編んだところ。次に伏せどめをします。

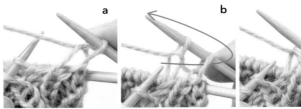

9 1目めを表目（a）、2目めを裏目に編み（b）、1目めを2目めにかぶせます（c）。前段と同じ目を編んでかぶせることをくり返します。

10 途中まで伏せたところ。最後まで伏せどめます。

11 糸を引き伸ばして切ります。編み始めと編み終わりの目が離れているのでとじ針でつなぎます。

12 つなぎ方は、伏せた目の1目めに針を入れます（左）。次に矢印のように最後の伏せどめの目に針を入れます（右）。

13 12の位置に針を入れたところ。

14 糸を引きます。次に糸端の始末をします。

15 えりの裏側を見て、表にひびかないようにたてにすくって糸を通します。

16 続けて逆方向に針を通して糸を切ります。

## 5 脇、袖下をとじる　すくいとじ（P.124）

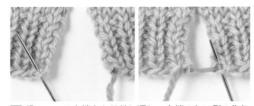

1 残っている糸端をとじ針に通し、糸端のない側の作り目に針を入れます（左）。右側の1目内側に針を入れ、目と目の間の渡り糸をすくいます（右）。

2 同様に左側も目と目の間の渡り糸をすくいます。

3 交互に1段ずつすくっていきます。

4 数段すくったらとじ糸が見えなくなるまで糸を引きます。

88

5 メリヤス編み部分も同様にとじます。

6 袖下の増し目部分はねじり目の外側の糸をすくいます。増し目部分は必ずすくいます。

7 増し目部分をとじた状態。

# 6 袖をつける

**引き抜きとじ（P.126）**

1 袖と身頃を中表にして肩と袖中央、脇と袖下を合わせます。次に均等に待ち針で仮どめします。

2 身頃側を見ながらとじます。脇にかぎ針を入れ、新たに糸をつけて糸を引き出します。

3 次の位置にかぎ針を入れ、糸をかけて引き出します。

4 引き出した目を1目めの中に通します。

5 3・4をくり返して袖ぐりを1周引き抜きます。

6 袖が身頃につきました。

完成！

7 残っている糸端の始末をします。

# アラン模様のプル

**作品** 14・15・16　　80・81ページ

14　15　16

## 材料と用具

**糸**　14　スキー毛糸　スキーフローレン（40g 巻・約77m…並太タイプ）の2932（ライトグレー）を480g（12玉）

**糸**　15　スキー毛糸　スキーフローレン（40g 巻・約77m…並太タイプ）の2942（デニム色）を480g（12玉）

**糸**　16　スキー毛糸　スキーフローレン（40g 巻・約77m…並太タイプ）の2931（オフ）を600g（15玉）

**針**　14・15共通　7号・6号・5号2本、5号4本棒針

**針**　16　7号・5号2本、5号・6号4本棒針

## ゲージ 10cm四方

14・15・16 共通　メリヤス編み 19目23段
A模様 27.5目23段　B模様 36目23段

## でき上がり寸法

14・15共通　胸回り 110cm　着たけ 49cm　ゆきたけ 70.5cm

16　胸回り 110cm　着たけ 63.5cm・ゆきたけ 70.5cm

## 編み方要点

1　後ろ、前ともに**一般的な作り目**をし、**1目ゴム編み**を編みます。メリヤス編みとA模様にかえ、増し目（**かけ目の増し目**）をしてえりぐりまで増減なく編みます。

2　えりぐりは糸端のある右側から**伏せ目**で減らして肩の目を**休み目**にします。左側は糸をつけて中央の目を伏せどめ、右側と同様に編みます。

3　袖は身頃と同じ要領で1目ゴム編み、メリヤス編み、B模様で編みますが、袖下は増し目（**かけ目の増し目**）をしながら編みます。編み終わりは伏せどめます。

4　肩は**目通しはぎ**で合わせ、えりは1目ゴム編みで輪に編みます。編み終わりは前段と同じ目を編みながら伏せどめます。

5　脇、袖下はそれぞれ**すくいとじ**で合わせます。袖は身頃に**引き抜きとじ**でつけます。

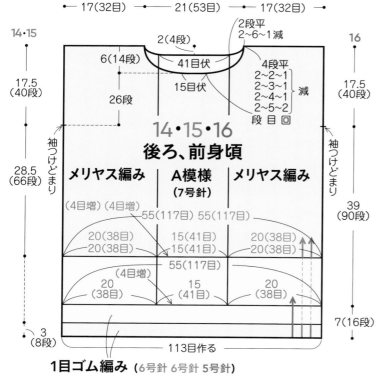

**1目ゴム編み**（6号針 6号針 5号針）

■文字の赤色は14、青色は15、緑色は16、黒は共通です

●**作品14の詳しい編み方は82ページからの編みもの教室を参照してください**

◆作品14・15・16 は後ろ、前身頃を重ねて表示してあります。目数は3点同じですが、16は1目ゴム編みと脇たけの段数が他の2点と違いますので確認してから編み始めてください。

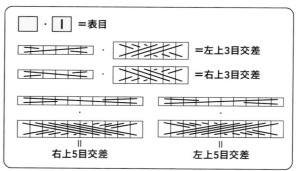

□・｜ ＝表目

＝左上3目交差

＝右上3目交差

＝右上5目交差　左上5目交差

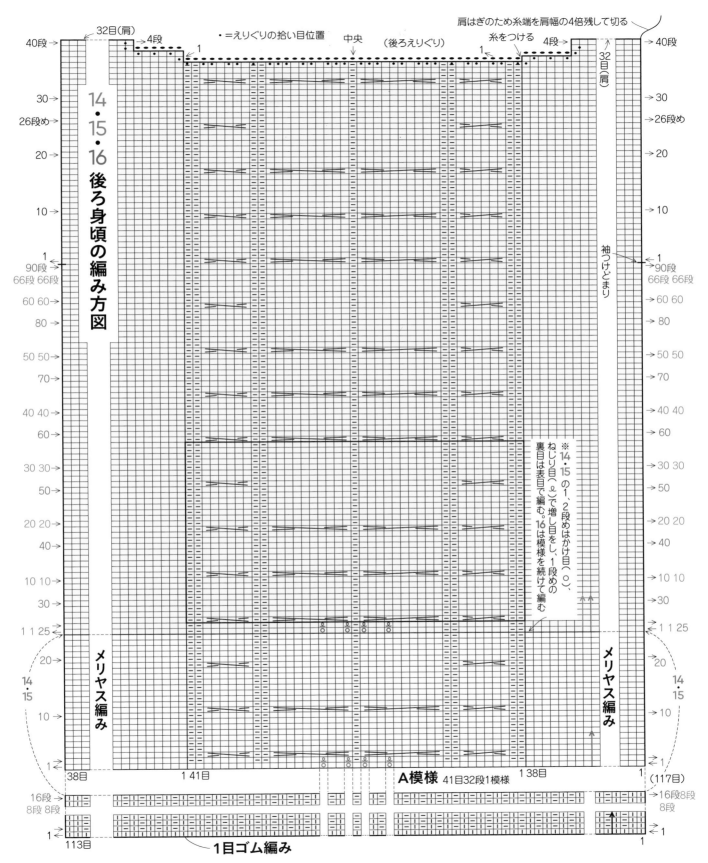

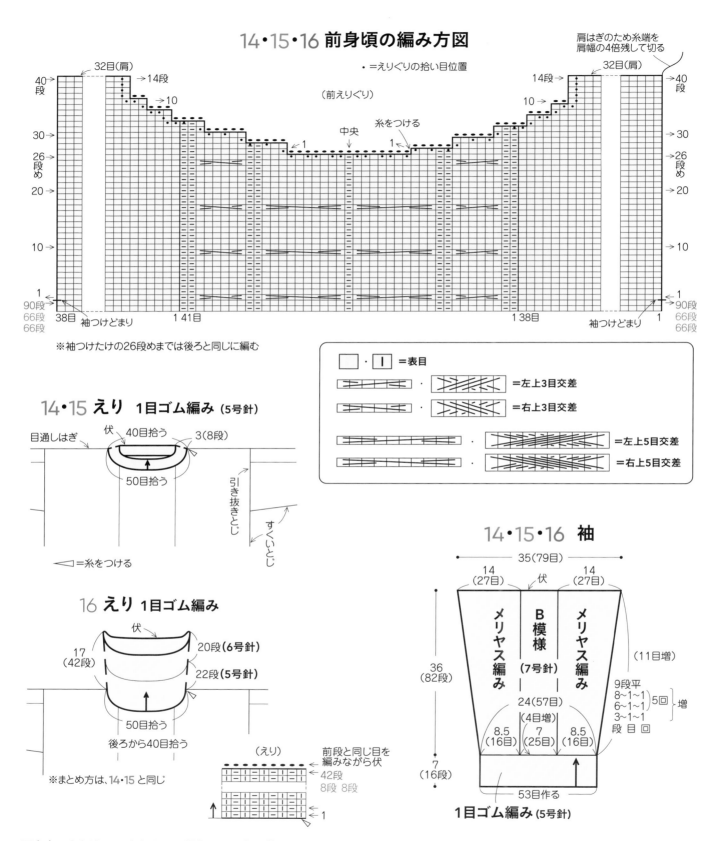

## 14・15・16 前身頃の編み方図

32目(肩)

肩はぎのため糸端を
肩幅の4倍残して切る

・=えりぐりの拾い目位置

（前えりぐり）

中央

糸をつける

※袖つけたけの26段めまでは後ろと同じに編む

□ ・ |=表目

=左上3目交差

=右上3目交差

=左上5目交差

=右上5目交差

## 14・15 えり　1目ゴム編み (5号針)

目通しはぎ

伏　40目拾う　3(8段)

50目拾う

引き抜きとじ

すくいとじ

◁=糸をつける

## 16 えり 1目ゴム編み

伏

17
(42段)

20段(6号針)

22段(5号針)

50目拾う

後ろから40目拾う

※まとめ方は、14・15と同じ

（えり）

前段と同じ目を
編みながら伏

42段　8段　8段

1

## 14・15・16 袖

35(79目)

14
(27目)

伏

14
(27目)

メリヤス編み

B模様
(7号針)

メリヤス編み

(11目増)

36
(82段)

24(57目)
(4目増)

9段平
8~1~1
6~1~1
3~1~1
段 目 回

5回 } 増

8.5
(16目)

7
(25目)

8.5
(16目)

7
(16段)

53目作る

1目ゴム編み (5号針)

■文字の赤色は14、青色は15、緑色は16、黒は共通です

# 14・15・16 袖の編み方図

メリヤス編み

B模様

メリヤス編み

1目ゴム編み

記号の編み方は
「編み方の基礎」を
参照してください

| · | I | ＝表目 |
|---|---|---|
| | ― | ＝裏目 |
| | O | ＝かけ目 |
| | Ω | ＝ねじり目 |
| | ● | ＝伏せ目 |

＝
左上5目交差

＝
右上5目交差

93

# トップだけ減らす かんたんキャップ帽

デザイン Aki　　編み図 95ページ

17

18

手早く編める太糸のロービングヤーンをジャンボ針でザクザク編んだカジュアルキャップ。着こなしの決め色にもなるパープルカラーの帽子は、立体模様と大きめのポンポンつきがキュート。シマシマ帽子はシャープでボーイッシュ。すぐ編めるのでいくつも編んでみてください。

使用糸　クロバー　ルネッタ

# 編みもの教室

## トップだけ減らすかんたんキャップ帽

●ジャンボ針でかんたんに手早く編める帽子です。ここではパープルの帽子の編み方を紹介。

### 17・18 帽子

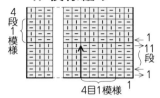

・2(2段)

18
(18段)

10
(11段)

←—9目—→
減らし方は
図参照

17 模様編み
18 メリヤス編み縞

48(33目)拾う

2目ゴム編み

33目作る

■文字の赤色は17、青色は18、黒は共通です

### 17 模様編み

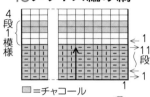

4
段
1
模様

←1
←11
|段
←1

4目1模様

### 18 メリヤス編み縞

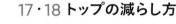

4
段
1
模様

←1
←11
|段
←1

■=チャコール
□=ベージュ

### 17・18 トップの減らし方

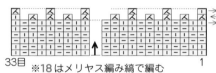

2段(9目)
←1(17目)
←18段(33目)

33目
※18はメリヤス編み縞で編む

1

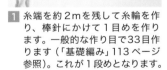

表から
半目のすくいとじ

7

裏から半目のすくいとじ

17 直径11cmのポンポンをとめつける
（手のひらに1本どりで40回巻く）

□・|=表目
☒=左上2目一度

### 材料と用具

糸 17 クロバー　ルネッタ（100g巻き…超極太タイプ）の60-576（パープル）を150g

糸 18 クロバー　ルネッタ（100g巻き…超極太タイプ）の60-580（チャコール）を90g、60-506（ベージュ）を40g

針 17・18 共通　12ミリ2本棒針

### ゲージ 10cm四方

17・18 共通　7目10段

### でき上がり寸法

17・18 共通　頭回り48cm 深さ23cm

---

**1** 糸端を約2m残して糸輪を作り、棒針にかけて1目めを作ります。一般的な作り目で33目作ります（「基礎編み」113ページ参照）。これが1段めとなります。

**2** 2目ゴム編みの裏目を編みます。針を持ちかえ、糸を手前において右針を向こう側から入れます。針に糸をかけ、矢印のように左針のループの中から向こう側に糸を引き出します。

**3** 左針にかかっている目をはずします。裏目1目が編めました。2目めも同じ要領で裏目を編みます。

**4** 裏目2目を編んだところです（上）。次に表目を編みます。糸を向こう側において左針の目に右針を手前から入れ、糸をかけて矢印のように糸を引き出します（下）。

---

**5** 左針にかかっている目をはずします。表目1目が編めました。2目めも同じ要領で編みます。裏目2目・表目2目をくり返し、最後は裏目1目で終わります。

**6** 2段めが編めました。3段めは編み地を返して表目1目を編み、裏目2目・表目2目をくり返して編みます。4段め以降は前段と同じ目を編みます。

**7** 11段まで編みます。

8 模様編みを編みます。模様編み1
段めは表目2目・裏目2目をくり
返して編みます。最後は表目1
目で編み終ります。

9 模様編み2段めは裏目1目を編
み、表目2目・裏目2目をくり返
して編みます。

10 3段めは裏目2目・表目2目をく
り返し、最後は裏目を編みます。
4段めは表目1目を編み、裏目2
目・表目2目をくり返して編みま
す。写真は4段まで編めたところ。

11 4段を1模様としてくり返し、
18段まで編みます。

12 トップの1段めを減らします。糸
を向こう側におき、2目に右針を
入れます。針に糸をかけて矢印の
ように糸を引き出します。

13 左針にかかっている目をはずしま
す。左上2目一度が編めました。
12・13をくり返します。最後の1
目は表目を編みます。

14 16目の減らし目ができました。
針には17目残ります。

15 トップの2段めの減らし目をしま
す。糸を手前側におき、2目に
右針を入れます。針に糸をかけて
矢印のように糸を引き出します。

16 左針にかかっている目をはずしま
す。1目減りました。15・16をくり
返し、最後の1目は裏目を編みま
す。

17 8目を減らしました。針には9目
残ります。編み終わりの糸を約
20cm残して切ります。

18 超極太とじ針に糸端を通し、針
に残っている9目に通します。

19 最初の1目めにもう一度糸を通し、
引き締めて絞ります。糸端は裏側
で編み地に通して始末をします。

20 作り目をした残りの糸端で半目の
すくいとじをします。編み地を裏
側にして突き合わせ、端の目の中
の横糸と外側半目を交互にすくい
ます。

21 2・3段すくったら、とじ糸が見
えなくなるまで糸を引きます。2
目ゴム編み部分のすくいとじがで
きました。編み地を表に返します。

22 模様編みのすくいとじをします。
表目は目の横糸、裏目は山をす
くってとじます。

完成！

23 糸始末をして完成。折り返し
て、好みでポンポンをつけま
しょう。

# ぐるぐる編みの
# キャップ帽

デザイン 河合真弓　　編み図 98・100ページ

19

20

かぶり口から増減なくぐるぐる編んで、トップ部分を頭の形に沿って減らして編む基本形。マフラーは両端が丸まらない１目ゴム編み。ほどよい厚みに編み上がるのでマフラーの編み地に適しています。

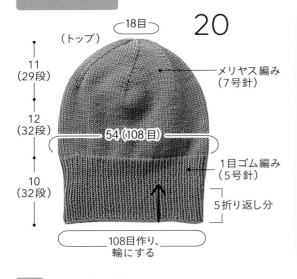

# 編みもの教室

**Lesson 9**

ぐるぐる編みのキャップ帽

## 20

（トップ）（18目）

- 11（29段）
- 12（32段）  メリヤス編み（7号針）
- 54（108目）
- 10（32段）  1目ゴム編み（5号針）
- 5折り返し分

108目作り、輪にする

### 用具をそろえる

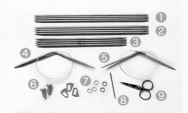

1 5号4本棒針（1目ゴム編み用）
2 7号4本棒針（メリヤス編み用）
3 7号4本棒針（短）
（トップを減らしていく途中、目数が少なくなり、編みにくくなるので短針にかえて編む）
4 5号40cm輪針（1の代用にあると便利）
5 7号40cm輪針（2の代用にあると便利）
6 棒針キャップ（編むのを中断するとき、針先から目がはずれないために）
7 目数・段数リング（目と段を数えながら編み進むために）
8 とじ針（トップと糸端の始末などに）
9 はさみ

※輪に編むことの多い帽子は、45の輪針を使うと、かんたんで編み目もそろいやすく便利。

## 1  目を作る　一般的な作り目（P.113）

1 7号針1本で、一般的な作り目で目を作ります。4本針で編むときは、目数を3等分にするので、各36目ごとに目数リングを通しておきます（輪針で編む時は必要ありません）。

目数リング　36目

2 指定目数分の108目作ります。これが1段めになります。
※編み始め位置に目数リングを通しておきます。

3 輪に編むので、5号針に3等分にして目を移します。

※輪針で編むときは、7号針で作り目し、2段めから5号針にかえて輪に編みます。

## 20 キャップ帽の編み方図

糸端を約20cm残して切る（残った目に通して絞る）

18目

（トップ）　←29段

←10

←5

←1 ←32段

18　15　10　5　1

18目を6回くり返す

←1 ←32段

編み始め　（108目）

□・□＝表目　☒＝左上2目一度

## 2  1目ゴム編みを編む

1目ゴム編み（P.115）

1 裏目を編みます。糸を手前に置き、左針の目に右針を向こう側から入れ、右針に糸を手前からかけます。

2 左針の目の中から、糸を向こう側に引き出します。

3 裏目が編めました。

4 表目を編みます。糸を向こう側に置き、左針の目に右針を手前から入れ、右針に糸を手前からかけます。

5 左針の目の中から、糸を手前に引き出します。表目が編めました。

6 1～5の1目ゴム編みをくり返します。

# 3 メリヤス編みを編む

**メリヤス編み（P.115）**

7 10段ごとに、段数リングをつけながら、増減なく32段編みます。

1 7号針にかえて表目で編みます。

2 10段ごとに、段数リングをつけながら32段増減なく編みます。

3 トップの減らし目のとき、わかりやすいように6等分（各18目）に目数リングを通しておきます。

# 4 トップの減らし目をする

**左上2目一度（P.116）**

1 減らし目位置で左針の2目に手前側から右針を入れ、2目を一度に表目で編みます。

2 6等分の18目が3目になるまで2段ごとに減らします。（※2回減らしたところ）
★目数が少なかったら短針にかえて編みます。

# 5 糸始末をする

**糸端の始末（P.127）**

● 編み終わりの糸

1 とじ針で残りの目に糸を通します。

2 糸を引き、絞りどめて裏側で糸始末をします。

● 編み始めの糸

1 最初の目に針を通して目をつなぎます。

2 折り返したときの裏側に糸端をくぐらせて始末をします。

完成！

# ぐるぐる編みのキャップ帽 作品97ページ

19

20

## 材料と用具

**糸** 19 極太タイプの毛糸 黒、ベージュを帽子に各85g、
　マフラーに各260g
**針** キャップ帽 12号・10号4本棒針
　マフラー 12号2本棒針
**糸** 20 並太タイプの毛糸 青を65g
**針** 98ページ参照

## ゲージ 10cm四方

19 キャップ帽 メリヤス編み 14目20段
　マフラー 23目20段
20 メリヤス編み 20目26段

## でき上がり寸法

19 キャップ帽 頭回り51cm 深さ 21.5cm
　マフラー 幅17cm 長さ160cm
20 頭回り54cm 深さ28cm

## 編み方要点

19 キャップ帽
**1** 一般的な作り目で72目作り、輪にします。
**2** **1目ゴム編み**で増減なく23段編んだら、続けて**メリヤス編み**で23段編みます。
**3** トップを減らします。編み図を参照し、**中上3目一度**で減らします。輪針を使用する場合は、目数が少なくなると編みにくいので4本針にかえて編みます。

19 マフラー
**1** 一般的な作り目で39目作り、両端を表2目にして、1目ゴム編みで増減なく320段編んで**伏せどめ**ます。

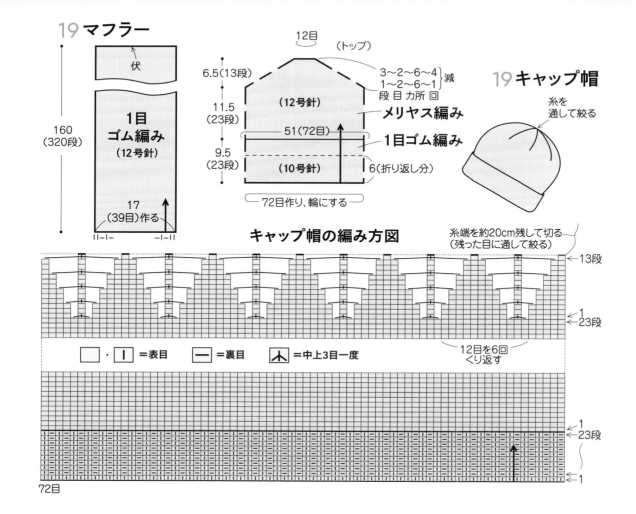

## 19 マフラー

160（320段）

伏

1目
ゴム編み
（12号針）

17（39目）作る

## 19 キャップ帽

12目 （トップ）

6.5（13段）

3～2～6～4
1～2～6～1 減
段 目 カ所 回

11.5（23段）

（12号針） メリヤス編み

51（72目）

1目ゴム編み

9.5（23段）

（10号針）　6（折り返し分）

72目作り、輪にする

糸を通して絞る

## キャップ帽の編み方図

糸端を約20cm残して切る（残った目に通して絞る）

←13段

←1
←23段

12目を6回くり返す

□・|＝表目　—＝裏目　⅄＝中上3目一度

←1
←23段

←1

72目

100

# フリンジつきの
# マフラー

デザイン 河合真弓　　編み図 102 ページ

21

初心者に編みやすいメリヤス編みがベースのかんたんマフラーですが、そのまま編むと両端が丸まってしまうので、両端5目ずつをゴム編みにして丸まらないようにしています。フリンジの長さはお好みで調整してください。

# 編みもの教室
## フリンジつきのマフラー

21

- メリヤス編み（13目）
- 1目ゴム編み（5目）
- 15（23目）作る
- フリンジ（2本どりで各11カ所に結ぶ）

108（210段）

11　11

### マフラーの編み方図

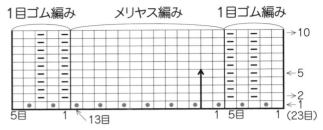

1目ゴム編み　メリヤス編み　1目ゴム編み

→10
←5
→2
←1

5目　1　13目　1　5目　1（23目）

□・│ =表目　─ =裏目　●=フリンジつけ位置

| 材料と用具 | 糸 超極太タイプの毛糸赤を180g |
| --- | --- |
| | 針 15号2本棒針　ジャンボ7ミリかぎ針（フリンジ用） |

| ゲージ 10cm四方 | 13目 19.5段 |
| --- | --- |

| でき上がり寸法 | 幅15cm　長さ130cm |
| --- | --- |

---

## 1 フリンジ分の糸をカットする

マフラーを編み始める前に、上下のフリンジ分の糸、長さ25cmを44本カットしておきます。

## 2 目を作る 一般的な作り目（P.113）

一般的な作り目で23目作ります。これが1段めになります。

---

## 3 2段め（裏側）を編む

※2段めからの両端5目は1目ゴム編み、中央はメリヤス編みで編みますが、2段めは編み地の裏側を見て編みます。裏と表を間違えないように注意しましょう。

**表目・裏目（P.115）**

1 針を1本抜き、持ちかえて針先を右側にします。

2 端の2目は裏目で編みます。右針を向こう側から入れ、針に糸を手前からかけます。

3 向こう側に引き出します。

4 糸を引き出したら、左針にかかっている1目をはずします。

5 2〜4をもう一度くり返し、裏目を2目編みます。

6 次は表目です。手前から針を入れ、針に糸をかけて手前に引き出します。

7 左針にかかっている1目をはずし、表目が編めました。

8 裏目、表目をくり返します。端の1目ゴム編みが編めました。

## 4 3段め（表側）を編む

9 中央の13目を裏目で編み
ます。

10 最後の5目は表目・裏目・表目・裏目2目の1
目ゴム編みで編みます。2段めが編めました。

1 針先を右側にします。

2 最初の2目は表目で編
みます。

## 5 伏せどめをする ※全目を表目で伏せる

**伏せどめ（P.120）**

3 記号をくり返して編み、マフラーの長さ分の210段
を増減なく編みます。

1 表側から伏せどめをし
ます。表目で2目編み
ます。

2 1目めに左針を入れ
て、2目めにかぶせ
ます。

3 伏せどめが1目できま
した。

4 次の目を表目で編みます。

5 右の目をかぶせます。これを
くり返します。

6 最後まで伏せどめができたら、糸を切っ
て、糸端を輪の中に通します。

7 糸を引き締めます。

## 6 まとめ

**糸端の始末（P.127）**
**フリンジの結び方（P.127）**

1 糸端の始末をします。糸端をとじ
針に通して、編み地の裏の目に3
〜4cmぐらい、くぐらせます。

2 糸端を切り、糸端
が目立たないよう
に整えます。

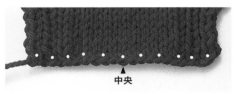

中央

3 フリンジをつけます。フリンジは糸を2本どりに
して、編み方図の・印の11箇所に結びます。

4 かぎ針を向こう側から
入れます。

5 糸2本を二つ折りにし
てかぎ針にかけます。

6 糸を引き出します。

7 輪の中に糸を通して引き締めます。
編み終わり側も11箇所に結びま
す。最後に糸端を切りそろえます。

完成！

# 5本指の手袋

デザイン 風工房　　編み図 105ページ

22

一度はトライしてみたい5本指の手袋。それぞれの指のパーツを編むときに、ちょっと細かな作業になりますが、それも楽しい感じです。単色でもいいし、配色したり、手編みならではのオリジナルを楽しんでください。

**材料と用具**

糸　極太タイプの毛糸 えんじを35g、
　　えんじと黒のミックスを30g
針　8号4本棒針　8/0号かぎ針（作り目用）

**ゲージ 10cm四方**　メリヤス編み・縞
　　　　　　　　　　17目24段

**でき上がり寸法**　手のひら回り 18cm
　　　　　　　　　　たけ 24.5cm

# 編みもの教室

## 5本指の手袋

● 作品の手のひら回りは2色になっていますが、プロセスでは単色にかえて編んでいます。また、編み目をわかりやすくするため、別糸も使用しています。

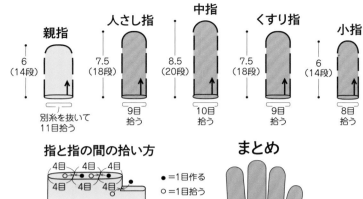

**手袋 メリヤス編み**
**手のひら回りと指**（8号針）

| 親指 | 人さし指 | 中指 | くすり指 | 小指 |
|---|---|---|---|---|
| 6（14段） | 7.5（18段） | 8.5（20段） | 7.5（18段） | 6（14段） |
| 別糸を抜いて11目拾う | 9目拾う | 10目拾う | 9目拾う | 8目拾う |

### 編み方要点

1　**別糸の作り目**で30目作り、**メリヤス編み**縞で輪に編みます。
2　親指の位置に**別糸を編み入れて**、増減なく小指の位置まで編みます。
3　指と指の間で作り目と拾い目をしながら4本の指を図の長さに編み、最終段は糸を通して絞ります。
4　親指は別糸を抜いて目を拾い、11目にして輪に14段編み、糸をとおして絞りどめます。
5　作り目の別糸をほどきながら目を拾い、**1目ゴム編み**で輪に15段編んで、**伏せどめ**ます。

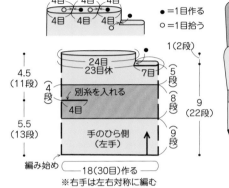

**指と指の間の拾い方**

● =1目作る
○ =1目拾う

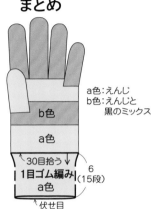

**まとめ**

a色：えんじ
b色：えんじと黒のミックス

---

## 1　手のひら回りを編む　別糸の作り目（P.113）、別糸の編み入れ方（P.124）

（左手）

★1～10の順序で手のひら回りを編みますが、親指分の別糸はあとで抜きとるので、よりが強くケバの残らない糸を使います。※編み始めの目にリングをつけます。

**1** 別糸の作り目で必要目数の30目を作ります。

**2** 鎖編みの裏山（裏側のコブ）をすくって糸を引き出します。

**3** 必要目数の30目を拾いました。これが1段めになります。

**4** 目数を3等分して各10目を3本の棒針に分けます。

**5** 2段めからは輪にぐるぐるメリヤス編みで編みます。

**6** 親指までの13段を増減なく編みます。

**7** 14段めは26目まで編み、親指分の4目を別糸で編みます。別糸の糸は切ります。

**8** 別糸で編んだ右針の4目を左針に戻します。

**9** 別糸で編んだところは段数に数えず、続けて地糸で編みます。

**10** 親指から9段編めました。

**11** 写真は右手の手のひら回り。※右手の親指分は編み始めの4目を別糸で編みます。

105

## 2 小指を編む　休み目 (P.126)、巻き増し目 (P.120)、糸端の始末 (P.127)

1 甲側と手のひら側（甲は編み始めから15目、手のひらは残りの15目）に印のリングをつけます。

2 甲側の編み終わりから4目、手のひら側から3目の7目を残し、残りの目数23目を別糸に休めます。

3 7目を3本の棒針に分けます。

4 糸をつけ、甲側から3目、2目、2目と編み、8目めを巻き増し目で作ります。

5 8目で輪に14段編み、糸端を約10cm残して切ります。

6 とじ針に糸端を通し、指先の8目に通してとじ針を裏側に出します。

7 裏側できっちり絞ります。

8 1目めの編み目をすくって糸をとおして糸輪を作り、とじ針を輪の中に通してとめます。

9 糸始末をします。小指が編めました。

## 3 くすり指、中指、人さし指を編む

★小指から2段編んだところで、くすり指、中指、人さし指の順に編みます。

1 休めておいた23目を3本の棒針に移し、糸端のある甲側から編み始め、小指で巻き増し目した1目から1目拾います。

2 24目で輪に2段編みます。

3 くすり指を編みます。甲側と手のひら側の各4目を残して別糸に休ませ、8目を3本の棒針に分けます。

4 甲側から編み始め、9目めを巻き増し目で作ります。

5 9目を輪に18段編みます。

6 指先は小指と同じ要領で始末をします。くすり指が編めました。

7 中指を編みます。甲側と手のひら側から各4目を3本の針に移し、甲側から編み始め、5目めをくすり指から拾います。続けて4目編み、10目めを巻き増し目で作ります。

8 10目を輪で20段編み、同じ要領で完成させます。人さし指は8目を3本の針に移して編み始め、中指から1目拾って9目で18段編みます。

## 4 親指を編む ねじり増し目（P.118）

1 別糸を抜き、上下に分かれた目をそれぞれ棒針に移します。

2 下側から4目、上側は左右が半目になっているので5目拾います。

3 下側の4目から編み始め（このとき3本の針に分けながら編む）、左側の境目から1目拾います。

4 拾い目は穴があかないようにねじり目で編みます。

5 右側の境目からも1目拾います。

6 拾い目をねじり目で編みます。

7 11目を輪に14段編みます。

8 指先は小指と同じ要領で始末をし、指回りの編み目をとじ針で整えます。

9 編み始めの糸は、穴をふさぐように糸始末をします。

10 各指と指の間の糸端の始末をします。

## 5 手首を編む 1目ゴム編み（P.115）、伏せ目（P.120）

1 別糸の作り目をほどきながら、3本の棒針に30目拾います。

2 糸をつけて表目、裏目をくり返し、輪に1目ゴム編みを編みます。

3 15段編んだら、編み終わりは前段と同じ目を編みながら伏せどめます。

4 糸を切り、始めの伏せた目に針を入れます。

5 最後の伏せどめた目の半目に戻してつなぎ、裏側で糸端の始末をします。

完成！

107

# 棒針編みのくつ下

デザイン 河合真弓　　編み図 109・112 ページ

23

24

ベーシックなメリヤス編みのくつ下です。はき口は適度に
フィットする１目ゴム編みの基本形。ソックス用の段染め糸
使用なら、編むだけでかわいい色の段染めボーダーのくつ
下に編み上がります。編み方のポイントはかかととつま先。つ
ま先を編む前に長さ確認をしてサイズ調整してください。

使用糸　23 ユザワヤ　抗菌フリーソック

# 編みもの教室

## 棒針編みのくつ下

● 作品 24 の詳しい編み方を解説します。作品は段染め糸を使用していますが、プロセスでは編み目をわかりやすくするため、別糸にかえて編んでいます。また、ポイントには別色も使用しています。

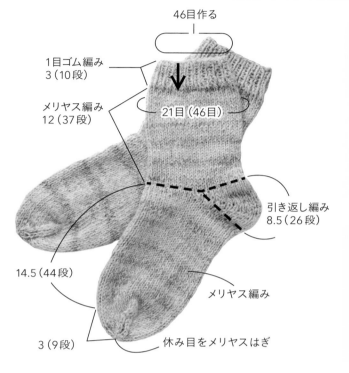

46目作る

1目ゴム編み
3（10段）

メリヤス編み
12（37段）

21目（46目）

引き返し編み
8.5（26段）

14.5（44段）

メリヤス編み

3（9段）

休み目をメリヤスはぎ

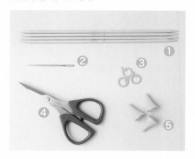

### 用具をそろえる

❶ 5号 4本棒針（短）
❷ とじ針（別糸を通す、つま先をはぐ、糸端の始末などに）
❸ 段数リング（目や段を数えながら編み進むために）
❹ はさみ
❺ 棒針キャップ（編むのを中断するとき、針先から目がはずれないために）

#### 材料と用具

糸 23 ユザワヤ　抗菌フリーソック（100g巻・約380m…中細タイプ）のD70-02（紫・ブルー・グレー系段染め）を50g（1玉）
糸 24 合太タイプの茶色・黄緑・水色系段染めを80g
針 23・24 共通　5号 4本棒針（短）

ゲージ 10cm四方　23・24 共通　メリヤス編み 22目30段

---

## 1 目を作る

### 一般的な作り目（P.113）

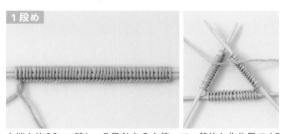

1段め

糸端を約90cm残し、5号針を2本使って一般的な作り目で46目作ります。棒針を1本抜き3本の針に等分して輪にします。これが1段め（表目）です。

## 2 はき口の1目ゴム編みを輪に編む

2段め

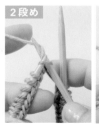

1 表目を1目編みます。

2 裏目を1目編みます。

---

3 表・裏目を交互にくり返す1目ゴム編みで10段編みます。

## 3 足首まで メリヤス編みを 輪に編む

全目を表目で編むメリヤス編みを37段増減なく編みます。

# 4 かかとを往復編みで編む

編み残す引き返し編み（P.121）、休み目（P.126）

かかととは❶（白）、❷（チャコール）の順に編む。

1 表目10目編んだら、次の2目は矢印のように編まずに右針に移します。

2 甲側の23目は編まず、とじ針で別糸を通して目を休めます。

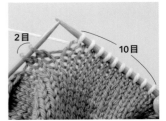

3 1で移した2目を左針に戻します。ここから往復編みで編みます。

4 持ちかえて、右針に糸を手前から向こう側へかけます。

5 1目めはすべり目です。向こう側から針を入れ、編まずに右針へ移します。

6 2目めから裏目で編み進め、最後の2目は編み残します。

7 持ちかえて、同様にかけ目とすべり目をして表目で編み進め、前段のかけ目・すべり目を編み残します。

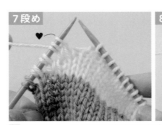

8 同様に4〜12段まで編みますが、7、8段めは前段のかけ目・すべり目に加えて、手前の1目（♥）も編み残します。

9 12段めまで編みます。

# 5 編み目を整える（段消しを編む）

左上・右上2目一度（P.116）

1 表目3目編みます。4目めは前段のすべり目に針を入れて表目を編み、次にかけ目と次の目を左上2目一度に編みます。

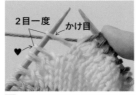

2 6目め以降も同じ要領で編みますが、7目めはかけ目と次の目（♥）を左上2目一度に編みます。

3 8目めはすべり目（●）だけに針を入れ、表目を編みます。

4 最後の1目はそのまま表目で編み、左側の段消し（段と段の差をなだらかにする）の1段めが編めました。

5 持ちかえてかけ目とすべり目をし、裏目を14目編みます（14目めは前段のすべり目）。

6 次の2目に1目ずつ右針を手前側から入れ、目を移します。続けて移した目に左針を一度に入れて戻し、目を入れかえます。

7 入れかえた2目に一度に針を入れて裏目で編みます。続けて6・7をくり返しますが、17目めは裏目で編みます。

8 段消しの2段めが編めました。

# 6 かかとを往復編みで完成させる

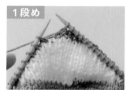

1 かけ目とすべり目をして表目10目を編んで、編み始め位置まで戻ります。続けて、さらに表目4目を編みます。

2 持ちかえて、かけ目とすべり目をし、裏目6目を編みます。

3 持ちかえて、かけ目とすべり目をして表目を6目編みます。7目めはかけ目と次の目を左上2目一度に編みます。

4 持ちかえて、かけ目とすべり目をして裏目を7目編みます。8目めはかけ目と次の目を入れかえて2目一度に裏目で編みます。

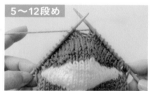

5 同じ要領で12段まで編みます。

# 7 甲・底側を輪に編む

1 休めていた23目を3本めの針に移します。

2 表目で輪に編みますが、1段めは前段の引き返し（すべり目・かけ目）が残っているので、左側は表10目編み、かけ目と次の目を2目一度に編みます。

3 右側の引き返しのところはかけ目の手前の目に右針を手前側から入れ、編まずに移します。かけ目は表目で編み、移した目をかぶせます。編み始め位置まで表目で戻ります。

4 1段めが編めました。

5 つま先までの46目を表目で増減なく編みます。

# 8 つま先を減らしながら編む

1 表目10目編んだら、次の2目に右針を一度に入れて表目を編み、左上2目一度で1目減らします。

2 続けて右上2目一度で1目減らします。次の目に右針を手前側から入れ、編まずに移します（◎）。次の目を表目で編んだら、右針に移した目をかぶせます。

3 左上・右上2目一度で毎段4目減らして9段まで編み、さらにはぎやすくするために編み始めの3目先まで編んで、糸端を約15cm残して切り、2本の針に分けます。

# 9 つま先をはぐ メリヤスはぎ（P.124）、糸端の始末（P.127）

1 とじ針に糸端を通し、手前側端1目め、向こう側端1目めの順に写真のように針を入れて糸を引き出します。

手前側　　　　　向こう側

2 次に手前側の端1目めと2目めに一度に針を入れます。向こう側も同様に端1目めと2目めに一度に針を入れ、糸を引き出します。

完成！

3 2の要領で、端の目まではぎ合わせます。

4 糸端は裏側で編み地にくぐらせて始末をします。

同様にもう片方も編みます。

## 23・24 編み方図

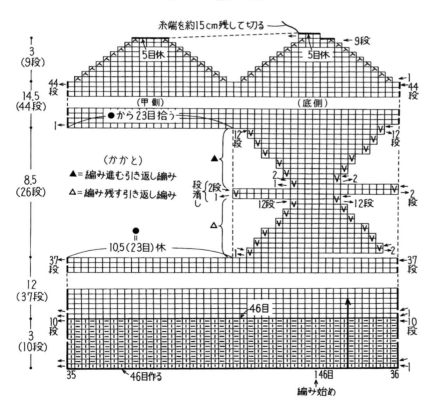

### 編み方要点

※作品23・24はメリヤス編みで同じ目数・段数で同様に編みます。くつ下のサイズは21.5〜24cmです。

1 一般的な作り目を輪にして編み始めます。

2 はき口からかかとまでは輪に、かかとは往復編み（引き返し編み）で編みます。

3 かかとからつま先までは再度輪に編み、つま先は右上・左上2目一度で減らしながら編みます。

4 残った目をメリヤスはぎで合わせます。

### 記号の編み方は「基礎編み」（P.113〜127）を参照してください

| □・│ | ＝表目 |
|---|---|
| － | ＝裏目 |
| V | ＝すべり目（引き返し編み） |
| ✕ | ＝右上2目一度 |
| ✕ | ＝左上2目一度 |

# ③

# 基礎編みと記号図の読み方と編み方

## 目の作り方

### 一般的な作り目（指に糸をかける）

  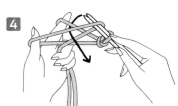

編み幅の約3.5倍の糸端を残して糸輪を作り、棒針にかけて1目めを作る

親指側に短いほうの糸端をかける

親指側から矢印のように棒針を入れる

人さし指にかかっている糸を棒針ですくう

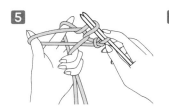  

糸を引き出す

親指を一度はずし、矢印のように親指をかけ直して、親指を引いて目を引き締める。3目め以降も同様に ③ ～ ⑥ をくり返す

必要目数を作り、棒針を1本抜く

### 別糸の作り目（あとでほどく）

〈別糸の作り目〉

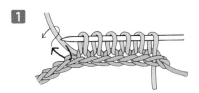  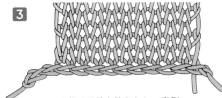

別糸で必要目数よりも2～5目ぐらい多く鎖の目を作る（端の目は拾いにくいため）。鎖編みの編み終わり側の裏山（裏側のコブ）に針を入れて目をすくう

これをくり返して必要目数を作る。これが1段めになる

2段めは針を持ちかえて裏側から編み、必要段数を編む

〈目の拾い方〉

 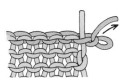 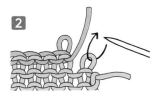  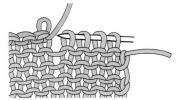

鎖の目の編み終わりから、矢印のように1目ずつ別糸をほどいていく
※必ず編み終わりから鎖の目をほどく

ほどきながら棒針で編み目を拾う

作り目と同じ目数を拾う

## 1目ゴム編みの作り目（端が表目1目の場合）

**1**
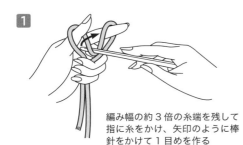
編み幅の約3倍の糸端を残して指に糸をかけ、矢印のように棒針をかけて1目めを作る

**2**
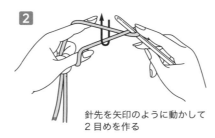
針先を矢印のように動かして2目めを作る

**3**
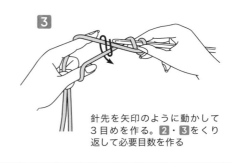
針先を矢印のように動かして3目めを作る。**2**・**3**をくり返して必要目数を作る

**4**

1段め
表目
表目

**5**
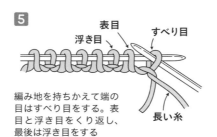
表目
浮き目
すべり目
長い糸
編み地を持ちかえて端の目はすべり目をする。表目と浮き目をくり返し、最後は浮き目をする

**6**

浮き目
表目
表目
編み地を持ちかえて表目と浮き目を交互に編む。3段めは裏の段なので、裏目・表目を交互に編んで1目ゴム編みにする

## ◯ 鎖編みの作り目・鎖編み

**1**
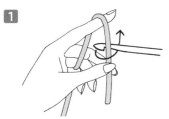
左の人さし指にかけた編み糸がゆるまないようにし、かぎ針を糸の向こう側におく

**2**
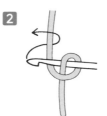
針を手前に引き、続けて右側に6の字を書くように回して、輪を作る

**3**
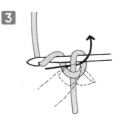
糸輪の交点を左中指と親指で押さえ、針に糸をかけて引き出す

**4**
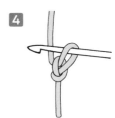
引き出したら、糸輪をきつく引き締める
※この目は1目と数えない

**5**

矢印のように針に糸をかける

**6**

編み糸を引き出す

**7**
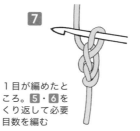
1目が編めたところ。**5**・**6**をくり返して必要目数を編む

## 共糸の作り目

編み糸と同じ糸で鎖の目をゆるめに編み、最後の目を棒針にかける。続けて2目めの裏山（裏側のコブ）をすくって糸を引き出し、必要目数を拾う（これが1段めになる）

## 作り目からの拾い方

a

鎖の半目を拾う

b

鎖の半目と裏山（裏側のコブ）を拾う

c

鎖の裏山（裏側のコブ）を拾う

# 棒針の編み目記号の読み方・編み方

## ▶ 1目ゴム編み

表1目、裏1目をくり返して、同じ編み目をたてに通して編む

## ▶ メリヤス編み

棒針編みの基本になる編み地です。表側のときは表目、裏側のときは裏目で編む

## ▶ 2目ゴム編み

表2目、裏2目をくり返して、同じ編み目をたてに通して編む

## ▶ 裏メリヤス編み

メリヤス編みと同じ基本になる編み地です。表側のときは裏目、裏側のときは表目で編む

## ▶ かのこ編み

表目と裏目を応用した編み地です。1目ごとに表目と裏目、1段ごとに表目と裏目を交互に編む

## ▶ ガーター編み

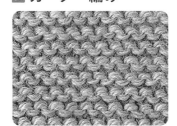

基本的には表目を応用した編み地です。表・裏側のすべての段を表目で編む

---

### Ⅰ 表目

**1**
編み糸を向こう側において左針の目に右針を手前から入れ、右針の先に糸を下から上にかける

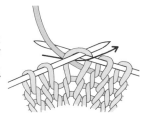

**2**
左針の目のループの中から編み糸を手前に引き出す

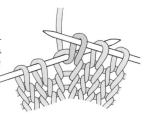

**3**
引き出したループは右針に移り、左針の目をはずしてできた編み目が表目になる

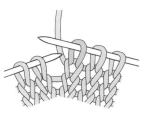

### ― 裏目

**1**
編み糸を手前において左針の目に右針を向こう側から入れ、右針の先に糸を上から下にかける

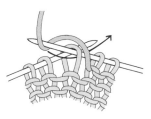

**2**
左針の目のループの中から編み糸を向こう側に引き出す

**3**
引き出したループは右針に移り、左針の目をはずしてできた編み目が裏目になる

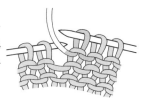

右上2目一度

 1
左針の1目に手前から針を入れて編まずに右針に移し、左針の次の目を表目で編む

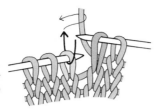

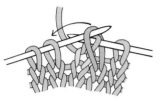

2 右針に移した目を編んだ目にかぶせる

3 右の目が左の目の上に重なる

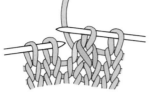

---

右上2目一度（裏目）

左針の2目を入れかえる

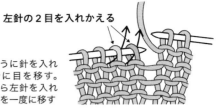

1
編むように針を入れて右針に目を移す。右側から左針を入れて2目を一度に移す

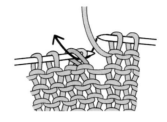

2 2目を一度に裏目で編む

3 糸を引き出すと右針に移り、右の目が左の目の上に重なる

---

 左上2目一度

 1
左針の2目に左側から矢印のように針を入れる

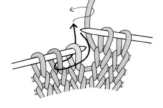

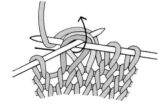

2 2目を一度に表目で編む

3 糸を引き出すと右針に移り、左の目が右の目の上に重なる

---

 左上2目一度（裏目）

 1
左針の2目に矢印のように針を入れる

2 2目を一度に裏目で編む

3 糸を引き出すと右針に移り、左の目が右の目の上に重なる

---

中上3目一度

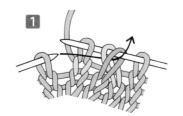

1

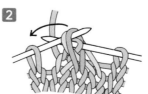

2

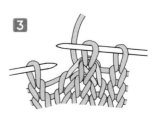

3

左針の2目を「左上2目一度」の 1 の要領で右針を入れて移し、次の目を表目で編む

その目に移した2目をかぶせる

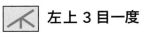 左上3目一度

**1**
左針の3目に右針を
一度に入れる

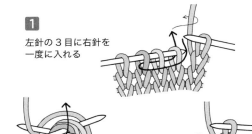

**2** 3目を一度に表目で編む **3** 左針を目からはずす

---

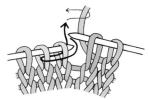 右上3目一度

**1**
左針の1目を編まず
に右針に移し、左針
の2目を左上2目一
度に編む

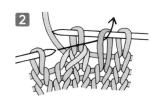

**2**

**3**

右針に移した目を2目一度に編んだ目にかぶせる

---

 左増し目

**1**
増し目をする目まで
編む。矢印のように
左針を入れる

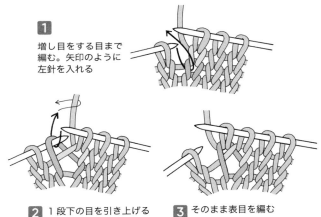

**2** 1段下の目を引き上げる **3** そのまま表目を編む

---

 右増し目

**1**
増し目をする目の手
前まで編み、1段下
の目に右針を入れる

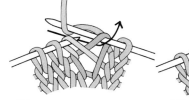

**2** 針を入れた目を
引き上げて表目を編む **3** 続けて表目を編む

---

 ねじり目

**1**
矢印のように
右針を入れる

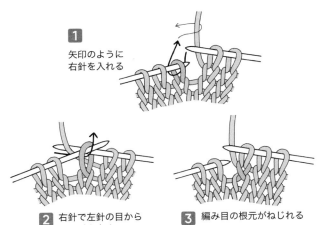

**2** 右針で左針の目から
糸を引き出す **3** 編み目の根元がねじれる

---

 かけ目

**1**
右針に手前から糸をかけ
（かけ目）、かけた糸を右
人さし指で押さえて、次
の目に右針を入れる

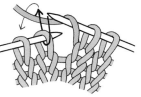

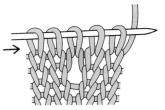

**2** 表目で編む **3** 次の段で針にかけた目を
裏目で編むと、穴があく

117

**かけ目の増し目**

〈右側〉 **1**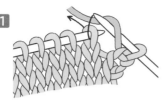

右針に手前から向こう側に糸をかけ
（かけ目）、次の目から図のように編む

**2**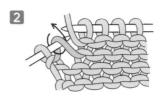

次の段で矢印のように右針を入れ、
かけ目をねじって裏目で編む

**3**

かけ目がねじれて、
1目の増し目になる

〈左側〉 **1**

右針に向こう側から手前に糸を
かけ（かけ目）、次の目を編む

**2**

次の段で矢印のように右針を入れ、
かけ目をねじって裏目で編む

**3**

かけ目がねじれて、
1目の増し目になる

---

 **ねじり増し目（目と目の間から拾ってねじる）** ★裏目も同じ要領で裏目で編む

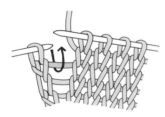 **1** 左針で目と目の間
の渡り糸を矢印の
ようにすくう

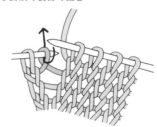 **2** すくった目を
表目で編む

---

 **細編み** ★ここでは鎖の半目と裏山を拾って解説

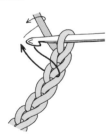 **1** 立ち上がりの鎖の目は
1目。その1目をとば
した次の目に針を矢印
のように入れる

 **2** 針に糸をかけて引き
出し、もう一度針に
糸をかけて、針にか
かっている2ループ
を一度に引き抜く

 **3** 以上をくり返して、
必要目数を編む

---

**細編み2目（増し目）**
★目数が増えても同じ要領で編む

 **1** 前段の1目に細編みを
2目編み入れ、目を増す

 **2** 1目が増えたところ

 右上２目交差　★目数が変わっても同じ要領で編む

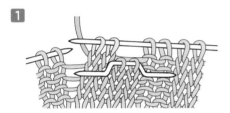

**1** 交差する右側２目を別の針に移して手前側に休め、左側２目を編む

**2** 次に休めた右側２目を編むと、右側の２目が上になる

左右の目を入れかえて編む交差編みを、何段かおきにくり返して編むと縄編み（ケーブル模様）になります。写真の縄編みは６段おきに３目交差をくり返した縄編みです。交差させる目を休ませておくのに、なわ編み針を使うと、目がはずれにくくて便利です

 左上２目交差　★目数が変わっても同じ要領で編む

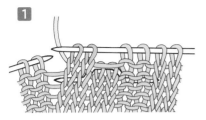

**1** 交差する右側２目を別の針に移して向こう側に休め、左側２目を編む

**2** 次に休めた右側２目を編むと、左側の２目が上になる

---

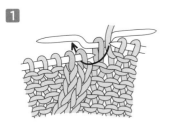 左上２目・右下裏１目交差

**1** １目を別針に移して、向こう側に休め、次の２目を表目で編む

**2** 別針に移した目を裏目で編む

★目数が変わっても同じ要領で編む

 右上２目・左下裏１目交差

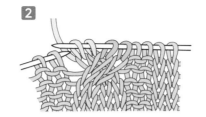

**1** ２目を別針に移して、手前側に休め、次の目を裏目で編む

**2** 別針に移した目を表目で編む

★目数が変わっても同じ要領で編む

---

## 段からの目の拾い方

糸を向こう側におき、表側を見て端の目と２目めの間に針を入れて糸を引き出し、必要目数を拾う（１段めになる）。拾い目はややきつめのほうが、きれいに仕上がる

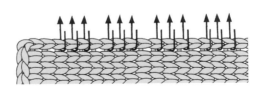

伏せ目（伏せどめ）

〈表側〉

 表目で2目編む。
1の目を2の目に
かぶせる

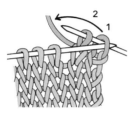

2 3の目を表目で
編み、1と同様
にかぶせる

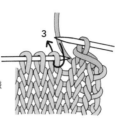

3 表目を編んでは
かぶせることを
くり返す

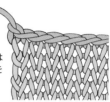

〈裏側〉

 裏目で2目編む。
1の目を2の目に
かぶせる

2 3の目を裏目で
編み、1と同様
にかぶせる

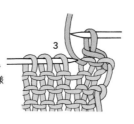

3 裏目を編んでは
かぶせることを
くり返す

---

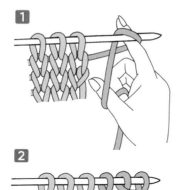 巻き増し目

〈右側〉

右手の人さし指に糸を
かけ、左針を人さし指
の手前から入れてすく
いとることをくり返す
※次の段の編み始めは、
目がほどけないように
針を入れる

〈左側〉

左手の人さし指に糸をか
け、右針を人さし指の向
こう側から入れてすくい
とることをくり返す
※次の段の編み始めは、
目がほどけないように針
を入れる

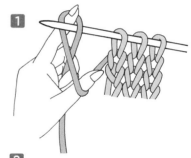

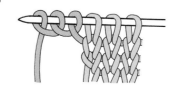

---

 かぎ針の伏せ目（引き抜き編み）

〈表側〉

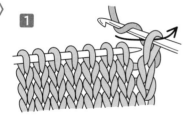

棒針の1目をかぎ針に移し、
糸をかけて引き抜く

次の目をかぎ針に移し、
糸をかけて2ループを引き抜く

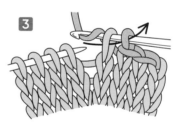

2をくり返す

2 ←
1 →

## すべり目 ★裏目も同じ要領で裏目で編む

**1** 1段めに編んだ目を、2段めでは編まずに向こう側から手前に右針を入れ、そのまま移す

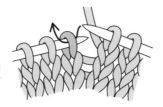

**2** 続けて次の目を表目で編む。編まずに移した目がすべり目になり、目の裏側に編み糸が横に渡る

2 ← →2
1 → ←1

## すべり目（2段ごとに引き返して編む場合）
## 編み残す引き返し編み

★段消し＝段と段の差をなだらかにする編み方

〈右側〉 **1**

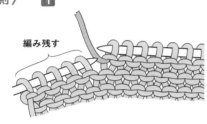

編み残す

**2** すべり目（編まないで右針に移す）　かけ目

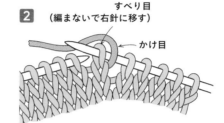

**3** 段消し　かけかえて2目一度

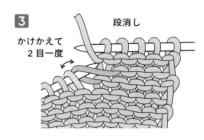

編み終わりに指定の目数を編み残し、編み始めにかけ目とすべり目1目することを2段ごと交互にくり返す。
段消し（裏側を見て編む）では、かけ目とその後ろの目をかけかえて2目一度で編み、段のずれを整える

〈左側〉 **1**

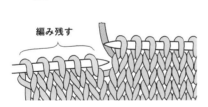

編み残す

**2** すべり目（編まないで右針に移す）　かけ目

**3** 段消し　2目一度に編む

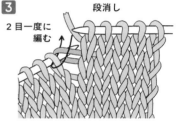

右側と同じ要領で編むが、編み終わり側で編み残すので、左側は表側をみて編むときに目を残す

## Ｖえり中央の減らし方

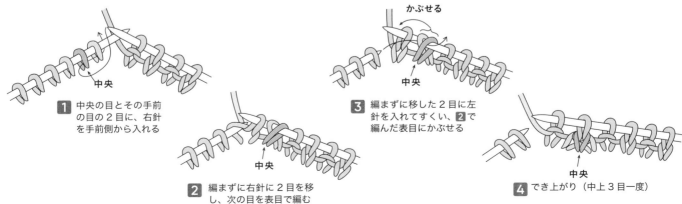

**1** 中央の目とその手前の目の2目に、右針を手前側から入れる　中央

**2** 編まずに右針に2目を移し、次の目を表目で編む　中央

かぶせる

**3** 編まずに移した2目に左針を入れてすくい、**2**で編んだ表目にかぶせる　中央

**4** でき上がり（中上3目一度）　中央

# 編み込み模様の編み方

編み込み模様の編み方は、裏側に糸を渡す・裏側に渡す糸をからげながら編む（2目以上の渡り糸が出ない編み方）・裏側に糸を渡さないなどの方法があります。模様によってどれかを選びます。

たとえば、端から端までの模様のときには裏に糸を渡し、渡り糸の幅が広い場合はからげて編みます。部分的な模様のときには裏側に糸を渡さない方法（模様編み位置まで編んだら、それまでの糸はそのままにし、新たに地糸と配色糸をつける）で編みます。

## 裏側に糸を渡す編み込み

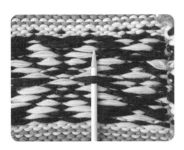

渡り糸

写真の模様は、裏側で最大、横に目数が4目渡ります。棒針を差してあるところ（写真上）が、その4目のところ。すべて渡り糸を出すとこのようになります。糸の太さや質で渡り糸が長くても、脱ぎ着に影響がないようでしたら、この方法がかんたん
※渡り糸は引きすぎないように注意。

**1**

編みはじめに地糸（ベースの色）で配色糸を挟むか結んで編み、指定位置まで編み地の裏側に糸を渡す。配色糸で編むときは地糸は下に、地糸で編むときは配色糸を上にして休ませ、糸を渡して編む

**2**

次の段の編みはじめは配色糸を端まで渡し、地糸に挟み込む。表側と同様に、配色糸で編むときは地糸を下に、地糸で編むときは配色糸を上にして休め、糸を渡して編む

**3**

裏側に渡る糸がきつくならないように注意する
※糸の渡し方は地糸が上、配色糸が下でもよいが、上下どちらかに統一すると糸のからみ方が少ない

### 裏側に2目以上の渡り糸が出ない編み方

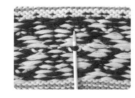

写真左は棒針を差してある目がそのからげた渡り糸の目。写真右は模様の2目以上の渡り糸を途中でからげながら編んだ裏側。からげ方は4目の場合、2目めで編んでいる糸に写真のように配色糸を上から下へと落としてからげます。

## 裏側に糸を渡さない編み込み

たて縞や部分編み込みの場合に使う方法です。それぞれ糸をつけながら1段編みます。2段めからは、表側も裏側も編み終わりの糸を左側におき、編む糸を下から持ち上げて交差させて編む

〈表側〉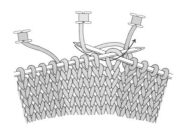

〈裏側〉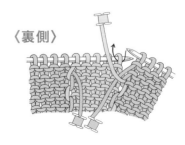

# 目のとめ方とはぎ・とじ方とまとめ

## 2目ゴム編みどめ

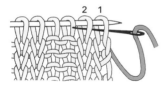

**1**
1と2の目の表目2目に
向こう側からとじ針を入れる

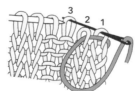

**2**
手前から1と3の目に針を入れる

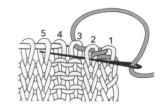

**3**
2の目の手前側から向こう側に針を出し、5の
目の向こう側から手前側に針を出す

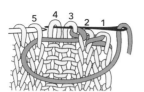

**4**
3の目は向こう側、4の目は
手前側から針を入れる

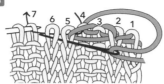

**5**
5の目は手前側から、6の目は向こう
側から針を入れる。次に矢印のように
4の目は向こう側から、7の目は手前
側から針を入れる

**6**
**3**〜**5**をくり返して目をとめる

## 引き抜きはぎ

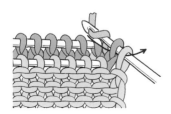

**1**
編み地を中表に合わせ、手前側の1目
と向こう側の1目をかぎ針に移し、糸
をかけて2目を一度に引き抜く

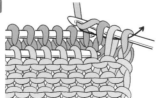

**2**
続けて**1**の要領で2目を移し、
糸をかけて3目を一度に引き抜く

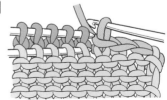

**3**
**2**をくり返す。最後は、かぎ針に
かかったループに糸端を引き抜く

## 目通しはぎ

**1**
編み地を中表に合わせ、手前側の1目
と向こう側の1目をかぎ針に移す。矢
印のように、手前側の目の中に向こう
側の目を通す

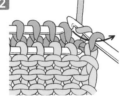

**2**
かぎ針に糸をかけて、
矢印のように引き抜く

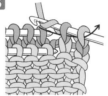

**3**
**1**をくり返し、針に
糸をかけて2目を一
度に引き抜く

**4**
**1**・**3**をくり返す
※上の引き抜きはぎより、とめが
しっかりしているので、伸びやす
い広めの肩はぎなどに適す

## 目と段のはぎ

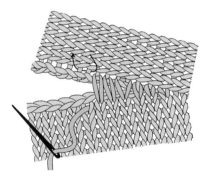

伏せ目を手前にして編み地を突き合わせ、目と段のバランスを見ながら交互にすくう。はぎ糸が見えないように引きぎみにする
※手前側が休み目のときも同じ要領

## メリヤスはぎ（伏せ目と伏せ目）

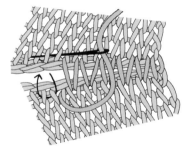

針の入れ方はメリヤスはぎと同じ。
向こう側と手前の編み目が続くようにはぐ

## メリヤスはぎ（休み目と休み目）

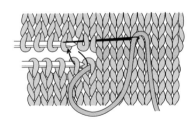

目と目を突き合わせ、向こう側は
Vの字、手前は八の字をすくう

## 別糸の編み入れ方

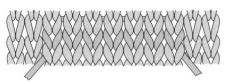

1 別糸で必要目数を編み（1段と数えない）、編んだ別糸を左針に戻して地糸でもう一度編む

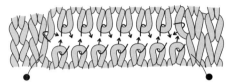

2 別糸をほどいて目を拾う。上下からは必ず拾い、目数の不足分は両端（●）などからねじって拾う

## すくいとじ

### 〈ゴム編みを編み下げた場合〉

★ゴム編みを編み下げた場合とは、身頃・袖を編んだ作り目から、目を拾ってゴム編みを編んだ編み方のことです。ゴム編みから編み始めた場合とは、作り目をしてゴム編みから編み始めた編み方のことをいいます。

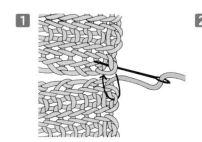

1 編み地を突き合わせにし、残っている糸端をとじ針に通す。糸端のない側から目をすくう

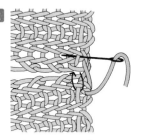

2 1目めと2目めの間に渡っている横糸をすくう

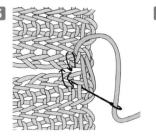

3 手前側も2と同じ要領ですくう

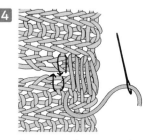

4 交互に1段ずつすくって糸を引き締める。ゴム編みはややたてに伸びるので、とじ糸は引きぎみにする

### 〈裏メリヤス編み〉

1 編み地を突き合わせにし、作り目をすくう。1目内側の目を交互にすくう。図は1目と1目が入ったとじ方

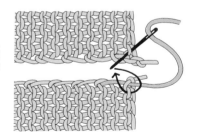

2 とじ糸は引きぎみにし、とじた糸が見えないようにすると仕上がりがきれい

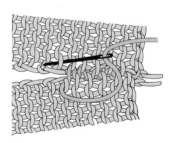

〈 ガーター編み 〉

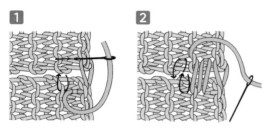

毎段すくうと、仕上がりがきれい

〈 ゴム編みから編み始めた場合 〉

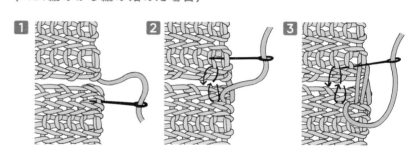

〈 メリヤス編み 〉

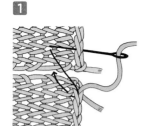

編み地を突き合わせ、
とじ分を1目とする

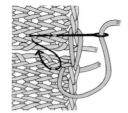

とじ始めは図の
ように糸を出す

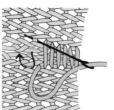

1目内側を1段ずつ
交互にすくう

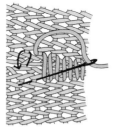

約10段ごとに
とじ糸を強く引く

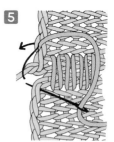

すべてとじたら、とじ糸
を引き、編み地をぴった
り合わせる

## 1目のボタン穴

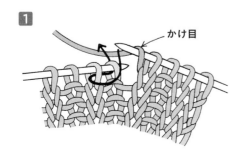

右針に手前側から向こう側に糸をかける

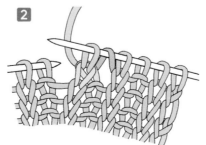

かけた目を右人さし指で押さえ、■の
矢印のように次の2目を一度に編む

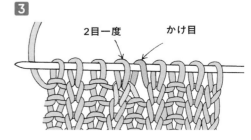

編み地を持ちかえ、次の段はかけ目を裏目
に編むと、ボタン穴ができる

## ボタンのつけ方

あらい編み目のニットは、編み地の糸が引っ
ぱられやすいので、裏に力ボタンをあてた
ボタンのつけ方が、いちばんしっかり、き
れいに仕上がります。表側のボタンの裏側
は作品の編み地の厚さ分だけ、糸で巻いて
足をつけるようにします。また、薄手のも
のや、編み地のややきつめのものでしたら、
力ボタンをつけなくてもよいでしょう。ボ
タンつけ位置の編み地1目分をすくい、足
を同じようにつけて、つけます

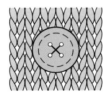

表のボタンより少し小さめのボタンかプラス
チックボタンを裏にあてる

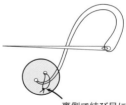

裏側で結び目に
通してとめる

編み地の厚さだけ
足をつける

## まつり方（折り返しの始末）

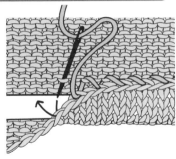

表にひびかず、伸縮がきくようにまつることが大切。向こう側のまつる段の下向きの目に上から針を入れ、手前の伏せ目の内側半目に向こう側から手前に針を入れる。これを1目おきにくり返す
※右の図はウエストの始末で、ゴムベルトを入れてまつっている状態のもの

## 袖の引き抜きとじ

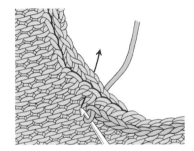

袖のつけ方は身頃と袖を中表に合わせ、肩線と袖山中央、脇と袖下をそれぞれ合わせて待ち針でとめる。身頃側を見て編み地を持ち、とじ糸を袖側におく。かぎ針を手前から入れ、糸をかけて引き出す。これをくり返して1周し、糸始末をする
※かぎ針編みも同じ要領

## 休み目（休める）

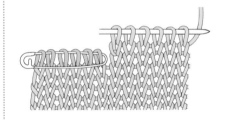

目をいったん休ませておくという意味で、別糸またはほつれどめを使うと便利

## えりの目の拾い方

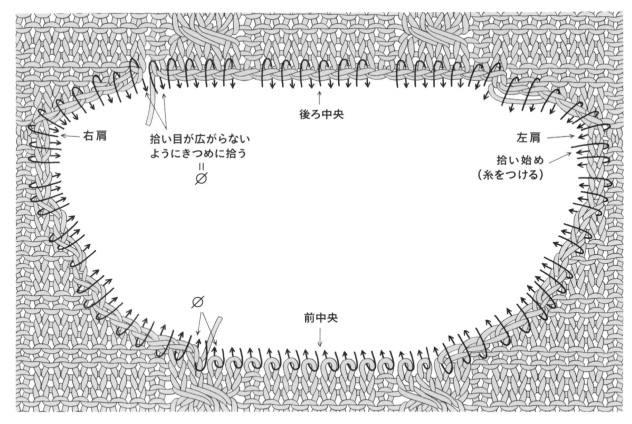

1. 前身頃のえりぐり中央の休めてある12目を棒針に移す
2. 身頃の表側を見て、左肩（図では右側）から新しい編み糸をつける
3. 図を参照し、1段めの拾い目をきつめにするときれいに仕上がる
4. 拾い方のポイント

▶ 平らな部分　端の目の1目内側に針を入れる
▶ 2目一度の減らし目　減らした目にすべて針を入れる
▶ 2目以上の減らし目　その目数分だけに針を入れる
▶ 前中央は休み目にしてあるので、その目数分だけに針を入れる
▶ 後ろ中央は伏せ目にしてあるが、図のように伏せ目の下の目の中に針を入れる

以上のようにして、1段めの目を拾う。
2段めからは、輪に1目ゴム編みを編む（4本針、または輪針を使用）

## 糸端の始末

### ▶ ゴム編みどめの途中の糸

糸端は結ばず、裏側の表目の片側半目に、1段おきに巻きかがる。糸端が短いときは、とじ針に巻きかがる目を先にすくってから糸端をとじ針に通す

### ▶ とじ・はぎの糸

すくいとじの途中で糸をかえる場合は、糸端を表に出しておき、とじ終わったら表に出ている糸端をとじ針に通して裏側に出す。とじ代の半目に糸端を上下に巻きかがる

### ▶ 編み地の途中の糸

糸端を結び直して、とじ針に糸端を通し、シンカーループ（下向きの目）、ニードルループ（上向きの目）のどちらかの目を表にひびかないようにたてに拾い、糸端をくぐらせて糸を切る

## フリンジの結び方

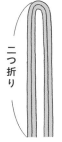

二つ折り

フリンジたけの2倍の長さに約3cm加えて切る

2

裏側からかぎ針を入れ、二つ折りの糸を引き出す

3

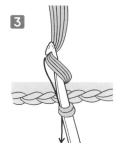

もう一度、表側からまとめて引き出す

4

輪を引き締め、全体の先を切りそろえる

## タッセルの作り方

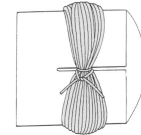

でき上がり寸法×2+2cm

巻いた糸を中央で結ぶ

コード

2

中央で結んだ糸にコードを結びつける

3

ふさを二つに折り、共糸で結んで糸端を中に入れ、ふさの先を切りそろえる

## ポンポンの作り方

1

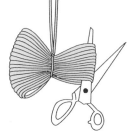

ポンポンの直径に1cm加えた幅の厚紙に、糸を指定回数巻く

2

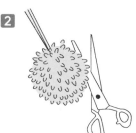

形よく切りそろえる

3

中央の糸でとじつける

● カバー
　デザイン／柿沼みさと
● 本文
　デザイン／柿沼みさと
　撮影／伊藤ゆうじ　関根明生　本間信彦
　モデル／Kanoco
● 企画・編集
　荷見弘子・水口あきこ・丸尾利美
● 編集担当
　尾形和華（成美堂出版編集部）

★本書は、先に発行の「手編み大好き！」の中から、特に好評だったプロセス作品に新規を加えて再編集した一冊です。

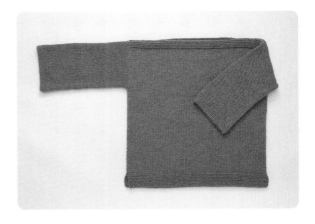

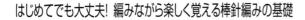

**はじめてでも大丈夫! 編みながら楽しく覚える棒針編みの基礎**

編　者　成美堂出版編集部
発行者　深見公子
発行所　成美堂出版
　　　　〒162-8445　東京都新宿区新小川町1-7
　　　　電話(03)5206-8151　FAX(03)5206-8159
印　刷　大日本印刷株式会社